臺灣與美國社會問題

蔡文輝
蕭新煌　主編　　東大圖書公司 印行

© 臺灣與美國社會問題

主　編　蔡文輝　蕭新煌
發行人　劉仲文
著作財
產權人　東大圖書股份有限公司
總經銷　三民書局股份有限公司
印刷所　東大圖書股份有限公司
　　　　復興店／臺北市復興北路三八六號六樓
　　　　重慶店／臺北市重慶南路一段六十一號
　　　　郵　撥／〇一〇七一七五——〇號
初　版　中華民國七十四年六月
再　版　中華民國八十二年十月
編　號　E 54039

基本定價　叁元柒角捌分

行政院新聞局登記證局版臺業字第〇一九七號
著作權執照臺內著字第六七三三五號

ISBN 957-19-0439-2 (平裝)

本書作者簡歷

蔡 文 輝

臺灣省臺南市人，民國三十年生。國立臺灣大學社會學系畢業，美國加州大學（柏克萊校區）社會學博士。現任美國普渡大學——印第安那大學（韋恩堡）(Purdue University—Indiana University at Fort Wayne) 社會學暨人類學系教授兼主任。

蕭 新 煌

臺北市人，民國三十七年生。國立臺灣大學社會學系畢業，美國紐約州立大學（水牛城校區）社會學博士。現任中央研究院民族學研究所研究員，臺灣大學社會學系教授。

賴 澤 涵

臺灣省臺中市人，民國二十八年生。美國伊利諾大學（香檳——歐本那校區）歷史學博士。現任中央研究院三民主義研究所研究員，東海大學社會學研究所兼任教授。

陳 寬 政

臺北市人，民國三十五年生。國立中興大學社會學系畢業，美國威斯康辛大學（麥廸森校區）社會學博士。現任中央研究院三民主義研究所研究員，東海大學社會學研究所兼任教授。

張 苙 雲

廣東茂名人，民國四十一年生。國立臺灣大學社會學系畢業，美國約翰霍普金斯大學社會學博士。現任中央研究院三民主義研究所研究員，臺灣大學社會學系教授。

林 瑞 穗

臺灣省臺中市人，民國三十年生。國立臺灣大學社會學系畢業，美國西雅圖華盛頓大學社會學碩士。現任臺大社會學系副教授。

陳 麗 欣

臺灣省高雄市人，民國三十九年生。國立臺灣大學社會學系畢業，美國東伊利諾大學教育碩士及專士 (specialist)。現任職於法務部專員，兼任犯罪研究中心研究員。

蔡 誠 一

臺灣省臺南縣人，民國三十四年生。國立臺灣大學土木工程學系畢業，美國匹茲堡大學土木工程學系碩士、博士，專攻運輸規劃工程。前任職美國辛辛那提市 (Cincinnati, Ohio) 大都會規劃局。

郭 文 雄

臺灣省臺南縣人，民國二十九年生。私立東海大學社會學系畢業，美國約翰霍普金斯大學社會學博士。現任美國猶他大學(University of Utah) 社會學系教授兼主任。

蔡勇美

臺灣省屏東市人，民國二十九年生。私立東海大學社會學系畢業，美國夏威夷大學碩士，匹玆堡大學碩士，科羅拉多大學社會學博士。現任德州理工大學 (Texas Tech University) 社會學教授，兼該校「應用國際發展研究中心」高級研究員。

蔡德輝

臺灣省嘉義縣人。中央警官學校犯罪防治系畢業，警政研究所碩士，美國佛羅里達州立大學犯罪學碩士。現任中央警官學校犯罪防治系教授。

歐陽趙淑賢

北平市人，民國三十年生。國立臺灣大學社會學系畢業，美國天普大學 (Temple University) 社會學博士。現任美國賓州州立大學社會學教授。

王俊秀

臺灣省臺南市人，民國四十二年生。美國州立威斯康辛大學都市及區域計劃博士班肄業。曾任職於行政院衛生署環境保護局，現在美國德州理工大學攻讀博士學位。

陳秉璋

臺灣省雲林縣人，民國二十四年生。國立臺灣大學政治學系畢業，比利時魯汶大學國際外交碩士、政治社會學博士，現任政治大學社

會學系教授。

臺灣與美國社會問題　目次

序　言

一、社會問題研究近況

二、貧　窮　問　題

三、家　庭　問　題

四、老　人　問　題

序一　社會問題：臺灣與美國

蔡　文　輝

一

　　編撰這本「臺灣與美國社會問題」是很偶然的事。民國六十九年夏，我返國參加國建會，中國論壇林端和陳朝平兩位先生來訪於我下榻的三普大飯店。在閒聊裏，我向他們兩位提議邀請卜居太平洋兩岸的中國社會學者以淺易的文字撰寫有關中美社會比較之一系列文章。一方面把社會學的基本概念以淺易的文筆介紹給中國論壇之廣大讀者，另一方面也可以比較中美兩國在不同程度的工業化影響下社會結構的異同。

　　林端和陳朝平兩位先生很同意我的意見，值得一試。不過他們兩位認為旣然是以淺易為原則，那麼不妨先找一個比較通俗且能吸引讀者興趣的題目來做比較。中美社會問題的比較應該是符合這原則的。題目就這樣定下來了。

　　我們三個人第二步驟就進一步構想可以撰稿的人選問題。為了聯絡上方便起見，我們最後決定臺灣的社會問題部分請中央研究院民族學研究所的蕭新煌教授負責，由他擬訂一份要討論的題目與撰稿之社會學者

名單。美國的社會問題部分則由我負責聯絡並邀請撰稿者。

這件事情在我開完國建會會議返美國後不久就有了更具體的進展。蕭教授和我同意這一系列的中美社會問題之比較應包括九種比較重要且共同的問題。除此之外，我們兩人另寫一篇介紹目前中美社會學界對社會問題研究近況之短文，做為導論。加起來，正好是十篇。它們是：①社會問題研究近況，②家庭問題，③老人問題，④都市問題，⑤貧窮問題，⑥環境保護問題，⑦犯罪問題，⑧青少年犯罪問題，⑨社區意識與鄰里關係問題，⑩政治參與問題。

雖然這些社會問題都是值得討論的題目，但是我們必須承認問題的選擇多多少少是受了兩個因素的影響：

㈠討論的社會問題必須是中美兩個社會都有的問題。在這種限制下，美國社會裏所有的種族問題、藥物濫用問題、心理疾病問題、醫療衞生問題等等皆未能列為我們的討論範圍內。尤其談美國社會問題而不談其種族問題，可以說是捨本求末。但是在「比較」的要求下，只好割愛。

㈡討論的社會問題必須要有專人可寫。我們的原則是先找社會學家負責每一個問題的撰稿，如果無法找到適當的人選，或者是有人能寫而不願意寫，則邀請其他社會科學家參與撰稿。

在美國方面，我很幸運的得到了幾位中國社會學家的廻響與支持。他們是德州理工大學社會學教授蔡勇美博士負責撰寫美國的貧窮問題和都市問題，猶他大學社會學教授郭文雄博士主筆美國社區意識與鄰里關係和政治參與兩問題，賓州州立大學社會學教授歐陽趙淑賢博士分析美國青少年犯罪問題，在辛辛那提市大都會規劃機構服務的蔡誠一博士討論美國環境保護問題。其他的家庭問題、老人問題以及犯罪問題則由我自己負責撰寫。

二

社會問題的研究在美國社會學領域裏佔有相當重要的角色。以早期的社會改革者對社會病態的研究，一直到今日應用社會學的廣泛分析各種各類的社會問題，美國社會學界對社會問題研究從未間斷。一八九〇到一九一〇年代美國社會問題探討的重點在於貧窮問題的分析，一九二〇到一九四〇年代的重點轉而為都市問題的研究，一九五〇年代種族問題是重點，一九六〇年代青年附屬文化（包括嬉皮運動、學潮、濫用藥物吸毒等）和越戰問題是社會學關心的社會問題，一九七〇年代至今，犯罪問題與失業問題是兩個主要的社會問題。

十九世紀晚期當社會學剛剛在美國萌芽時，大多數的社會學家都具有一種以宗教熱忱改革社會風氣的目標，而且有一部分社會學家是由新聞記者和教會牧師轉業過來的。他們眼見美國社會的種種不平現象，希望以社會學的方法來探討並進而達到社會改革的目的。這種以社會問題為重點的社會學傳統在一九二〇與一九三〇年代的芝加哥社會學派更為顯著，因為芝加哥學派之領袖如顧里、派克、蒲濟時等皆在都市社會問題研究上有重大的貢獻。

在一九四〇年代至一九六〇年代中期是功能學派全盛時期。雖然這派以哈佛大學社會學家派深思為首的社會學理論強調整合與均衡，但是社會問題的研究仍未間斷，學者如戴維斯對娼妓問題和人口問題的探討、貝拉的宗教問題、顧德的家庭問題、墨頓的差異行為理論等對美國社會問題之研究具有領導作用。

一九六〇年代中期開始，美國的社會問題有增無減。在國內有種族糾紛的日益擴大、年輕一代附屬文化的產生及與之俱來的學潮、示威、

暴動、嬉皮運動、藥物濫用與吸毒等嚴重問題，而在國外，越南戰爭之無法解決大大地減低了美國的聲望與國際地位。一九七〇年代的石油危機與經濟不景氣所帶來的通貨膨脹與失業問題更使美國國勢日落，社會更形混亂。衝突理論也就在這種環境下逐漸抬頭，以研討社會問題為其理論焦點，並積極參與揭露社會的不公平措施。社會學各研究所亦因此在應用社會學方面大量擴充，特別是在犯罪與差異行為方面更受重視。一九八〇年代初期更因保守派的雷根當選為總統，理論性研究計劃經費大量削減，社會問題對策性之研究相對增加。研究興趣有增無減。

三

　　社會學研究主要的重點是放在解釋分析社會現象，而不僅只是描述而已。因為社會學家對社會問題之研究不僅是要客觀的描述某一特定社會問題之性質與特徵，而更重要的是應該對該問題之起因與特徵加以學理的解釋。舉例來說，如果我們研究美國的種族問題，那麼我們不僅要把美國種族問題的種種型態和特徵加以詳盡的描述，我們更應該將這些型態和特徵之原因加以學理的解釋。為什麼種族問題仍然存在於今日美國？為什麼少數民族和白種人的衝突常常造成激烈的暴動？為什麼社會經濟結構的改變會影響美國種族之間的關係？這幾個「為什麼」才是社會學研究者的主要興趣重要所在。

　　在試圖解釋社會問題時，社會學家因此必須注意到社會結構與其他結構之間交互影響的關係。一個社會問題的產生和存在常常不是單純的所謂「社會」因素所造成的，而是牽涉到其他如政治、經濟、法律，甚至於世界性結構上的因素而造成的。社會學家必須超越出自己的小圈圈，必須能瞭解和運用其他社會科學的知識與理論。只有這樣，我們對

社會問題的分析才能有通盤性和整體性的瞭解。臺灣目前幾種比較受人注目的社會問題都不是單單從社會學的觀點或角度就可以分析澈底的。

其實，臺灣近幾年來因受到工業化的影響，社會問題似乎有日益嚴重的趨勢。有些是老問題，有些則是新的。違章建築、髒亂、交通問題、婦女角色問題、教育問題等都可以說是老問題，雖然問題的內容性質可能與以往不一樣。暴力犯罪、賣嬰問題、環境污染問題、經濟犯罪問題、電動玩具問題等是比較晚近幾年才有的問題。社會學家對臺灣問題的探討之重點因此不在於臺灣的社會是否有問題，而是在於問那些問題為什麼會發生? 應該有什麼樣的對策來加以解決?

中美兩國的社會結構相異處多於相同點，因此在討論兩國之間「共有」的社會問題時，常有很多不容易比較之處。尤其我們的撰稿方式又是由兩位學者分別討論同一社會問題在中美兩國各自情形，因此會有各說各的話，無從比較之困擾。我們總希望讀者能在閱讀每篇論文時，自己發掘和體會出中美兩國社會問題之異同點。比較社會之研究本來就不是一門簡單的學問，比較社會問題所牽涉到的難處更多。我們在這本集子裏更因為受到時空的限制，而使問題難上加難。

讀者不難發現卜居太平洋兩岸的這十四位社會學者在撰寫和處理社會問題上的方式有很明顯的差異。在美國的社會學家重客觀理性的分析，而在臺灣的社會學家則重主觀的批判和政策性的建議。造成這種差異的主要可能原因有兩點，我想是必須說明的:

第一、美國的社會學一直強調客觀性的分析，大多數的社會學家都認為社會學家的任務在於把事實原由用科學的方法據實分析出來。至於分析出來的結果，政策決定者如何運用，那不是社會學家的責任。當然最近幾年因為受到衝突學派的影響，很多較年輕的社會學家都呼籲社會學必須主觀地介入社會問題的研究，更必須批判。在美國的中國社會學

家，包括在本集撰稿的五位，絕大多數是在大學裏任職，因此比較傾向主流社會學的客觀分析。

第二、在美國的中國社會學者之所以能夠重分析資料乃是因爲美國的社會學文獻齊全，資料引證容易。世界社會學裏最活躍的是美國社會學，因此研究工作觸及美國的每一個社會現象。撰寫本集的主要原則旣在以淺易介紹爲主，我們五位在美國的社會學家自可集中精神於資料文獻的引證。在臺灣的社會學者就沒有這種奢侈，因爲社會學研究工作歷史到底還短，而且臺灣圖書館的文獻引得工作又毫無章法，很難找到零落於各地之文獻。因此，要把全篇文章都放在文獻或理論性之介紹，事實上很難。

我提出這個比較，無意說那個好，那個差；或者那個對，那個錯。因爲太平洋兩岸的中國社會學家多多少少亦反映出兩個社會結構的不同，也多多少少顯示了兩地社會學家在社會裏的角色的不同。

也許讀者們會同意我一個看法：美國和中華民國這兩個社會都是正在經歷一種劇變。美國的社會從一九六〇年代的越戰到今日經濟的不景氣，正使美國從世界第一的高峯往下降，日子在一般老百姓的經驗裏是不好過了，房地產漲價、利息太高、工廠解僱工人、犯罪增加、物價上漲等等，已開始對美國人民的日常生活有了影響；而在臺灣，近幾十年來的經濟發展和工業化也引出了不少的社會結構的變遷：人口的過度集中都市、犯罪的增加、奢侈的生活等等。雖然變遷不同，其變遷的事實都是一樣。

四

無論如何，我必須感謝在美國的五位參加這項工作的社會學家。除

了我本人以外，他們都是在百忙中抽空參加撰稿工作。更可貴的是他們都能把握淺易的原則和準時交稿的要求。他們做學問的態度和負責任的精神使我這個聯絡人減輕了不少的負擔。

　　當然，我也要感謝中國論壇提供寶貴的篇幅開闢這專欄，後再由三民書局同意出版，集冊成書，以廣流傳，更令我感激。我希望我們對美國社會問題的分析，配合上中國社會學家對臺灣社會問題的探討，能給政府負責機構單位將來處理各種社會問題時，用做參考，使我們的社會更安定、更平穩。

序二 社會學家、社會問題
與社會政策

蕭　新　煌

一

　　雖然不見得每一位社會學家都會同意，不過，社會上對社會學家的期待角色，總是期望社會學家能夠對當前的社會問題，提出分析和建議。事實上，也有不少社會學家也常常以此自許，透過教學、研究，及公開講演的種種場合，表達他們做爲一個專業社會學家的觀點。最常被社會學家提出來的，就是強調任何社會問題的解決，甚而只是對解決的可能途徑研擬，都必須先要有研究，然後才能根據研究的結果和資料，做出建議。有了建議，如果能被付諸實施，社會學家還有興趣追蹤這個從建議轉變爲措施的過程，以及措施實行後的成果評估。然後，再回過頭來，針對建議和研究結果做批評，這又需要研究。

　　上面這個「研究」與「政策」的關係，本身就是一個研究循環的過程，這需要時間和下功夫。而這大概就是目前社會學家面臨的一種社會

壓力，因爲很少有社會學家是專攻「社會問題」的，他們大牛是比較熟悉某一兩個社會問題，但非常深入。因此要讓某位社會學家對所有的社會問題都提供分析和政策，那幾乎是不可能的事。想要對某一個社會的社會問題「羣」，有全盤的認識，甚而提出政策性的建議，唯一的辦法是採取集體思考和集體合作的方法。從不同專長，不同角度，分別就每個問題讓一位社會學家去做分析甚而做建議。這本「臺灣與美國社會問題」，就是依照這種認識去構想的。所以，當我們選擇這九個社會問題做中美比較的時候，就考慮到要找適當的社會學家來寫。結果是，參與這本書的作者，在美國有五位，在臺灣就有九位，一共是動員了十四位社會學家（廣義的定義，因爲其中包括犯罪學家與歷史學家）。

二

這十四位分別居住在臺灣和美國的中國社會學家，每位的訓練背景，不盡相同，生活經驗也不完全一樣，甚而在某程度之內，對政治的看法也有一些出入，這些社會學家本身的差異，很難避免影響到他們對社會問題的看法，對問題的着眼點，對問題癥結的釐清，甚而對策的取捨，都會因之而不同，讀者在看完每篇文章之後，大概就也會有這種的印象。

這是指研究者本身「主觀」的差別，影響到他們對「客觀問題」的認定、分析，甚而處方。另外，還有一點，在研究社會問題時常引起爭論的，就是所謂圈內人 (insider) 和圈外人 (outsider) 的差別。圈內人就是指本身長期生活在某一社會裏，嵌入社會體系的社會學家而言，而圈外人，則可界定爲那些外地來的尙未完全嵌入上述那個社會體系的社會學家。通常，從事理論研究比較不受上述圈內和圈外之分的影響，可

是對實際社會問題的探討，尤其是想企圖提出任何比較具體可行的政策建議，那就不能老迷信於「遠來的和尚」了。畢竟對社會問題的研究，除了客觀的探究之外，還要有主觀的投入和參與。

可是，由圈外人來為社會問題把脈，也有一些好處，那就是可能比較「客觀」，而且容易看出一些圈內人疏忽的「盲點」，最有名的例子就是當年瑞典的 Myrdal 來研究美國的種族問題，而寫的那本「美國的困境」(American Dilemma)，可是這種例子總歸是不太多見的。

在這本書中，撰寫者對他所處理的社會都可算是「圈內人」，在臺灣的社會學家，清一色都是土生土長的本土社會學家，撰寫美國社會問題那部分的中國社會學家，雖不是本土的美國社會學家，但至少也都是長期旅居在美國的社會學家，多多少少也已打進和嵌入美國社會學當中。同時，又因為他們畢竟還是中國人，在討論美國社會問題的時候，多少總是流露出一種中國式的透視，這種帶着跨文化的觀點來分析美國的社會問題，對臺灣的讀者來說，應該是另一種優點才對。

三

任何社會學家，不管他自認多麼「客觀」和「價值中立」，一旦他接觸到討論社會問題的時候，總是會多多少少流露一些「感性」(passion)，當你目睹貧窮，看到饑饉，目擊社會的不平和自殺，以及制度的失調，怎麼能再一味的「理性」(reason)？如果讀者仔細讀，也會發現到這本書的作者，在字裏行間，也展現出一種人道的關懷，也就是說，面對社會問題，社會學家不可能，也不應過份「疏遠」。對受害者的辯護，站在受害者的一邊，似乎是社會學家在探討社會問題時的另一倫理。

也因為有這種驅使力量，一般社會人士的注意力就全部放在「該怎麼辦？」。「幫忙」是第一件想做的事，而不是「分析」。但是社會學家的第一件事則是「分析」問題，分析的過程當中，以及分析之後，當然免不了要幫忙解決問題。社會學家不但要澈底分析社會問題也想解決社會問題，在提出任何政策建議之際，他不僅是要「做好事」，更要「做對事」，這也就是說，社會學家，不但要有一般人對問題的關懷，而且更要有一般人沒有的冷靜和洞察力。在這點上，圈內人的社會學家，其心理負擔尤其是要特別吃重。

在討論臺灣社會問題的幾篇文章當中，這種「感性」、「辯護」和「分析」的三種特性交雜在文中，尤為突出。一個可能的原因就是前述圈內人的性格在這九位本土的社會學家身上表現得更為明顯。畢竟，客居美國的中國社會學家，他們對美國社會問題的「投身」程度，總有一絲絲「圈外人」的「疏遠」，不像在臺灣的社會學家對本地的社會及其問題，那麼有切膚之感情。這種差別是很難避免的事情。

通常本土的社會學家對本土的社會問題加以探討之後，比較會急於提出若干政策性的意見，企圖藉此疏解問題的嚴重性。在九篇討論臺灣社會問題的文章裏，亦不難發現有不少政策性建議被作者提出。茲為方便讀者有一個較整體的了解，在下面列出針對這九個問題所舉出的長期

問　　題　　羣	短 期 性 政 策 建 議	長 期 性 政 策 建 議
①家庭問題，尤其是針對社會變遷當中折衷家庭可能面臨的困難。	①應重視老人問題可能引起的家庭關係的緊張。②婆媳之間的衝突，婦女外出工作可能引起之孩童教養問題宜盡早做對策研擬。	①徹底深入研究臺灣家庭之演變，尤其是家庭內成員（代間）互動的模式及其困難。②考慮將「家庭」做為今後社會政策的對象。

②老人問題和老人福利，尤其針對如何推動老人福利？	①推行老人的家庭式醫療服務。 ②提供購屋及翻修拓建貸款，並將國宅計劃納入老人福利措施系統當中。 ③建立老人社區。 ④鼓勵老人在社區中的社會參與及社區服務。	①重新評估現行老人福利之政策，應考慮中國家庭可以發揮的功能，以提升老人福利。 ②從社會政策着手以應付二〇〇〇年臺灣可能面臨之「老年震盪」。
③都市化及都市問題，尤其是如何解決都市化後所產生的種種都市問題。	①對「住商混合」的現象及其問題應立即做徹底檢討。 ②臺北市的交通問題宜早配合都市規劃之前瞻一併研究。	①對大都會的整體規劃宜重新評估。 ②急需大規模的都市更新。
④所得分配與貧窮問題。	①加強促進直接所得移轉的管道，如增加就業機會及收入保障。 ②對反貧窮措施的一些法律和規章宜盡早做修正。	①宜深入探究貧窮及所得不均與社會經濟結構的關係。 ②對「貧窮文化」的迷思深做批判。
⑤環境及公害問題。	①加強環境外交以防污染之輸入。 ②盡速確立國家環境政策及環境保護法。 ③建立「環境影響評估」（EIA）制度。 ④鼓勵草根性之環境保護運動及團體之成立。	①推廣全國國民之環境教育。 ②建立社會福祉（生活素質）指標的制度，並將環境品質列入其中。 ③人口的控制以減低「環境影響人口」。

⑥犯罪問題。	①推展社區守望相助運動以預防竊盜犯罪。 ②加強出獄人就業更生輔導。 ③對少年犯罪及初犯輕罪之成年犯盡量運用社區處理。	①政府應設置犯罪預防機構，全盤規劃協調有關機構推展犯罪預防工作。 ②盡早發現少年之偏差行為及時予以輔導。 ③研究應再加強，並做全盤之分析。
⑦青少年犯罪。	①推廣更生保護制度。 ②輔導工作應更具體，應更週詳。 ③組織民間社區有效之參與少年犯罪之防治工作。	①關懷社會當中的邊際人。 ②深入探討「犯罪次文化」。 ③以輔導感化代替防治懲罰。 ④整體性親職教育之規劃與實施。
⑧都市社區意識及鄰里關係。	①針對不同類型之都市社區做不同之社會規劃，尤其在提升社區意識方面。	①加強倫理與精神建設。
⑨民主政治參與及政治溝通。	①開放政治參與和溝通更多、更開放的管道。	①瞭解國際政治環境的變遷。 ②瞭解造成影響政治體系的條件。 ③尋求「政治文化」的一致性。

性和短期性的政策意見。

　　相反的，在處理這同樣的九個美國社會問題的時候，旅美的中國社會學家在提出具體的政策建議方面，就顯得比較保留及含蓄一些，而較

傾向於客觀的描述及分析，而少做「該如何做？」的建議。

四

　　談到這裏馬上就會想到這些政策性建議可不可行？這問題牽涉到所謂「社會政策可行性研究」的範疇。目前臺灣對社會政策的研究非常貧乏，也非常急需。最主要的原因，就是缺乏這方面的人才。在社會學界當中，過去就一向很少有力量能延伸其注意力到社會政策之探討及批評。事實上，除了社會學界之外，在法律學界、政治學界、公共行政學界，也都普遍的有人才荒之苦，這是今後臺灣的社會問題及社會政策方面，要特別加以注意的地方。就以臺灣過去能夠將社會問題及社會立法一併處理的論著及文章看來，數量不但相當不夠，水準也不整齊。不像美國，對社會政策研究非常熱衷，有四十六個學術團體在運用社會科學到社會政策上面，有一三八種期刊討論政策問題，有八十二個書商出版有關社會政策的書，有七個出版商專門在出版社會政策的專書，有四十二個利益團體運用社會科學到他們的遊說工作當中，更有一四二所大學及研究中心投入精力專研社會政策……。

　　反觀我們呢？我們的社會問題雖然有我們的特殊性，但是值得研究的，以及有待解決的急迫性跟美國是一樣的。美國投入那麼多的人力、物力，在這些社會問題的研究及對策上，我們卻只停留在主管官員及學者們的說說而已。我們能夠有任何可做為推諉不研究、不解決的理由嗎？

　　希望這本書的出版，能有拋磚引玉的作用，藉此讓臺灣的社會問題及社會政策研究，也能有一些提升的功能。蔡文輝兄與我兩人之所以願意花力量，隔着那麼遠，來合編這本書的原因，也就是在這裏。

一、社會問題研究近況

第一章 美國社會問題研究之現況

蔡 文 輝

一、前　言

　　社會問題的研究一直是美國社會學的主要特徵之一，同時也是美國與歐洲社會學界不同之點。從早期的芝加哥學派一直到今日的衝突學派與形象互動學派，社會問題的研究未曾被忽視過。雖然一九五○年代與一九六○年代初期所盛行的功能學派，因受派深思互型社會學理論之影響，較偏重於理論的建造，但一些著名的功能學理論者對美國社會問題的研究並未間斷。這些人當中包括貝拉教授對美國宗教問題的研究，戴維斯教授對美國人口問題及娼妓問題的分析，以及墨頓對個人差異行為所提出的理論。

　　早期芝加哥學派裏的領袖人物如顧里和派克兩位對都市內犯罪問題、貧窮問題、種族問題、都市成長問題等的貢獻為往後美國社會學與社會問題的研究範疇奠下了一個良好的基礎。芝加哥學派是實用主義應用社會學的先鋒。近年來，美國各種社會問題更趨嚴重，應用社會學乃成為社會學裏很受注目的一主要部門。

二、社會問題之研究觀點

　　並非我們日常所看到的或所親身經驗的問題都算是社會問題。一個問題之所以成爲社會問題：必須是它影響到社會裏的一大羣人；必須是大家認爲不好的問題，同時也必須是人們認爲可以經由公衆的努力而加以改善的問題。　換句話說，　如果一個問題只牽涉到少數幾個人，　或者沒有不良的影響，或者是無法加以改善的，則這問題就不能算是社會問題。

　　不過，我們必須提醒讀者：一個問題在某一時期可能不算是社會問題，但在另一時期裏它可能演變成社會問題。例如，環境污染問題在一九六〇年以前根本沒有人提及注意，一九六〇年代開始却成爲美國很受注目的社會問題之一。同樣地，一個問題在某一社會裏可能就是問題，但在另外一個社會裏，它可能不算是問題。環境污染在美國及其他已開發國家是很嚴重的問題，但是在大多數的低度開發國家裏却不是一個問題。換句話說，美國有的社會問題，臺灣並不一定就有，假使有，其嚴重程度亦可能不一樣。

　　由於社會問題之錯綜複雜，社會學對社會問題之研究就無法以單一的理論觀點來概括一切。在目前的社會學文獻裏，我們至少可以找到三種比較重要的研究觀點：一種是把社會問題視爲社會解組；另外一種是把社會問題從個人對社會的差異行爲角度來分析；第三種則是從價值衝突方面來看社會問題。這三種觀點事實上並不完全相互衝突，它們都代表研究社會問題時的不同角度觀點。讓我們簡單地逐一介紹這三個觀點。

(一) 社會解組觀點 (Social Disorganization Approach)

在社會學裏，我們認爲人的社會生活是由社會規範所節制的。人的一舉一動都受社會規範的影響與節制。這些規範可能表現在文化習俗裏，也可能包括在正式法律條文裏。從這些規範裏，個人獲知那些行爲是可以做的，怎樣去做才能獲得社會的認可。違背了這些規範，個人將受到社會的制裁。社會規範因此給社會裏的每個人一個行爲表現的準則。所謂社會組織就是這些社會規範的總和。因爲有了這些規範，社會才能平平穩穩的持續下去。

但是社會並非是永恒不變的。因此社會規範有時亦失去其制裁約束力量。在社會變遷過程中，一方面某些規範變成不切實際，人們無法按規矩去做；而另一方面，人們亦可能爲了應付新的規範而與舊的規範相衝突，造成社會的紛亂，這種情況就是社會學上所稱之社會解組。

從社會解組角度觀點來研究社會問題的學者首先認定社會基本上是協調整合的，是沒有問題的。但是由於社會變遷的結果，新的知識、新的行爲方式，以及新的價值觀念使得傳統的和舊的規範變成過時和不切實際而解組以至於產生問題。持這一觀點的學者相信將來終有一天新的規範會完全代替舊有的規範而再度達到一種新的和諧整合的地步。

持社會解組觀點的社會問題研究者在分析過程中必須注意下面幾個主要問題：

① 那些是傳統或舊有的規範？

② 什麼樣的變遷使得那些傳統規範失效了？

③ 那些受損害的傳統規範的破損程度如何？

④ 社會變遷是否仍舊進行？朝何方向變？

⑤ 那些團體對新的變遷發生不滿？他們有沒有提出解決辦法？

⑥ 那些解決辦法是否切實際？

⑦ 那些新的規範在將來會被社會正式認可？

總而言之，從社會解組觀點來研究社會問題主要的是探查那些被破壞了的規範，分析社會變遷之過去與未來方向，以及檢驗那些新出現的社會規範。

(二) 個人與社會差異的觀點
(Personal-Social Deviation Approach)

社會解組論的重點是社會組織的破損。個人與社會差異論者之重點則在於分析了解那些製造社會問題的人的動機與行為。這些人是社會學上所通稱之差異者， 他們所表現之差異行為正是社會問題之癥結 。 因此，要想瞭解社會問題就必須先瞭解個人差異行為發展的過程、動機及其各種型態。

這些差異行為可以分成兩類型：

㊀ **心理上的差異**：有些人因為生理上和心理上的缺陷而無法按照社會所認可的規範去做。有些人則因社會化過程中的誤差而不甘心接受社會認可的規範。

㊀ **社會上的差異**：大多數社會學家相信造成個人行為的差異是社會因素大於心理因素。換句話說，社會結構之限制逼使個人去做差異的行為。墨頓的迷亂論是這方面的代表理論。

持個人與社會差異論者，在研究時必須注意下面幾個問題的探討：

① 那一輩差異團體或個人在惹是生非？

② 他們的動機何在？

③ 他們本身有無問題？怎麼樣的問題？

④ 差異行為者是否對其他人有害？

⑤　那些差異行為是不是因為別人硬套上去誣指的，還是眞有那一回事? 或者只是社會內的一種副文化 (Subculture) 而已?

⑥　大多數的差異行為是不是因為社會規範之破損而來? 在何種社會情況下，社會規範會破損?

⑦　有什麼解決的辦法?

總而言之，個人與社會差異論者的重點在於差異行為者之動機。因此持此論者比較偏重有關犯罪、同性戀、娼妓、吸毒、精神病等方面的社會問題。

(三) 價值衝突觀點 (Value Conflict Approach)

價值衝突論者強調每一個社會裏常因為分子的複雜，結構之龐大，而有好幾種不同的價值體系。但是這些價值體系並不一定是很融洽的，往往在它們之間有紛歧差異和衝突。因此，常使人們無所適從，造成社會規範之混亂而形成社會問題。

在社會解組論和個人社會差異論都暗示一個穩定的社會程序; 社會的目標在於維持這穩定的秩序。但是價值論者認為這種論調是替在位有權者辯護。衝突論者認為社會上的不平等並不是一定要有的，它是有權勢者故意創造出來的。因此，社會問題並不一定就是問題。它只是社會制度的一部分。不值得大驚小怪，也不一定就會把社會拖垮。

持價值衝突觀點者在研究社會問題時常問下面這幾個問題:

①　那些價值是相互衝突的?

②　衝突的程度深不深?

③　社會那些團體持有相互衝突的價值? 這些團體是不是很有權勢?

④　為了解決問題，那些犧牲是必要的?

⑤　有那些衝突是無法彌補的？

⑥　那些問題是無法根本解決的？

上面這三個觀點是最常見常用的研究觀點。觀點的選用決不是一成不變的。這要看個人研究的目的和研究的問題性質而定。

三、社會問題研究現況

一九六〇年代及一九七〇年代的美國經驗可以用內憂外患四個字來形容。這二十年間，內有黑白種族衝突、學生示威暴動、甘廼廸兄弟被刺殺、水門事件、青少年吸毒與性行為放蕩問題、家庭婚姻問題，外有古巴事件、越南參戰、中東石油禁運危機等問題。最近幾年來，都市犯罪率之升高、經濟不景氣、通貨膨脹等更是人人所關心的嚴重問題。

在這種情況下，美國社會學很不可能像一九五〇年代那樣關在象牙塔裏高唱和平調。社會問題及應用社會學目前正廣受重視。佛立門教授 (Howard E. Freeman) 說：「大學以外就業機會之增加與大學教書機會之減少使社會學家對應用社會學更加注意。」(Freeman, 1980: 1-3)。除此以外，研究基金的可能性和大學研究的加強訓練都使應用社會學更受重視。

對社會問題的研究不僅理論觀點不同，而且研究的問題也有所不同。下面這個表的統計可供讀者參考 (Lauer, 1976: 127)。

最後我想特別一提社會問題解決的困難。史立萬教授 (Thomas Sullivan) 在他所著的社會問題一書裏提出下面幾點值得注意的事項和問題(Sullivan, et. al., 1980: 29-31)：

1. 當我們準備去解決一個社會問題時，第一個重要的條件是在社會裏一定要有一個很有影響力的團體察覺到這問題的存在。一個問題可

表一　社會問題教科書中所談之問題（一九三四～一九七五）

問　　題	問　題　被　分　析　次　數					
	1934~39 (N=5)	1940~49 (N=4)	1950~59 (N=6)	1960~69 (N=8)	1970~75 (N=11)	Total (N=34)
①犯罪與青少年	4	4	6	7	9	30
②家庭與婚姻	3	4	6	6	8	27
③人　　口	4	2	6	5	9	26
④種　　族	3	2	4	7	10	26
⑤貧　　窮	3	3	2	5	9	22
⑥心理與生理健康	3	4	5	4	6	22
⑦工人與工作環境	3	1	4	2	6	16
⑧都　　市	1	1	3	7	4	16
⑨個人病理(酗酒、 自殺、吸毒等)	2	2	2	2	6	14
⑩失　　業	2	2	4	0	3	11
⑪環境生態	1	1	2	1	5	10
⑫戰爭與和平	1	1	3	3	2	10

能存在，但是如果沒有一個很有影響力的團體出來說話呼籲，要想解決它是不可能的。

　　2. 社會裏至少要有一部分人相信這個問題是可以設法解決的。美國阿拉斯加的嚴寒是一個問題，但是我們並無能力解決這問題。因此，它不能算是社會問題。貧窮是一個社會問題，因為社會裏有一部分人認為它是可以補救和解決的問題。

　　3. 雖然我們知道我們有能力或辦法解決該問題，但是我們仍然要問一問：到底我們願意不願意去解決該問題？我們都知道電視上的暴力

節目影響兒童和年輕人的心理和行為；我們也知道只要取消那些節目這問題就解決了。但是，我們到底願意不願意這樣做？答案在目前是否定的。沒有人願意這樣做，所以問題仍然存在。

4. 我們是不是明白所建議嘗試的解決辦法就沒有不好的後果？那些解決的辦法就真的能解決問題嗎？社會結構是相當複雜的，我們常常不知道新的方法就不會帶來壞的後果，甚至於造成新的社會問題。美國早年的禁酒法案就是一個很好的例子，因為實施禁酒法案後，私酒製造風行一時，而且為黑社會所操縱。

5. 最後的一個問題是我們願不願意付出相當的代價以求解決的辦法。在今天，我們絕對有能力解決環境污染的問題，但是我們願意不願意付出相當大的代價去解決這問題。那些代價包括經濟可能會受影響，失業可能會增加，物品成本價格可能提高等。

讓我引用史立萬教授的一句話做為本文的結尾語：「社會問題的解決將不是簡單的，因此處理時就必須非常的小心。」

參 考 書 目

Howard E. Freeman, "*Freeman Outlines Major Issues Related to Applied Sociology,*" Footnotes (8:9), December, 1980, pp. 1-3.

Robert H. Lauer, "*Defining Social Problems: Public and Professional Perspectives,*" Social Problems 24 (October, 1976), p. 127.

Thomas Sullivan et, al., "*Social Problems,*" New York: John Wiley & Sons, 1980, pp. 29-31.

第 二 章
臺灣社會問題研究的回顧和反省

蕭 新 煌

一、臺灣的社會學和社會問題研究

臺灣的社會學到現在剛好是四分之一個世紀，它的成長歷程受到臺灣整個社會在戰後的變遷和發展影響甚鉅。或者更可以說，社會學的生命和性格多少就是臺灣社會性格的一種反映和寫照。具體的說，過去三十年來的經濟成長形態、當道的政治意識形態、普遍的社會價值、已形成出來的文化成熟度，以及臺灣在國際分工體系（世界體系）中的地位，都直接間接的塑造了臺灣社會學特有的內涵和個性。所謂社會學的個性表現在社會界這麼一個學術社羣的結構特性上，包括社會學者問什麼樣的問題？怎麼去問？怎麼去找答案？找到了答案，又怎麼解釋？甚至還包括更基本的問題，那就是社會學者怎麼看這個社會和世界的運作方式。畢竟「社會學」在本質上就是社會學者的所思、所言和所書的結果。於是乎，這種特有的個性就很容易反映在社會學的內涵上，教學也好，研究也好，都會多少受到社會學界本身價值、規範，甚而宇宙觀、政治意識形態的影響。換言之，過去三十年來臺灣的內外社會環境，以

及社會學者對那環境背景變遷的認知和感受，就塑造了二十多年來臺灣的社會學和它的研究取向。

根據社會學界自己的反省，臺灣的社會學具有一個相當明顯的性格，那就是「實用」的性格（葉啓政，一九八〇），重視實際社會現象的探討，這點對社會問題研究的重視有直接的影響。正因爲它著重在「實用」，對現實問題就更敏感，而且來自政府，或公私機構委託的研究也絕大多數以了解現況，解決問題爲目的（參考楊懋春，一九七六）。這種「實用」的傾向，始於社會學在中國的萌芽發展時期。社會學在中國，一向「注重本國社會現象或問題的實地研究，不像若干外國的社會學者專門從事建立龐大的理論體系，或從事學理的或方法論的長期辯論」（龍冠海，一九六三·一六）。我們很難馬上下判斷說，這種「實用」的性格是好是壞，若單從多廣泛了解臺灣的社會問題，並企圖求其可能解決途徑來說，社會學的重視實用，是相當可取的。至於它可能因此減少了對理論建構的興趣和注意，倒是另一個值得檢討的相關問題了。

除了實用是臺灣社會學的特性之外，它還具有一種「依賴」的本質——對美國社會學的過份依賴（蕭新煌，一九八〇），很多觀點、理論、方法都是從美國移植過來，方便之餘，却有缺乏自主性和創造力的缺憾。對社會問題研究的影響則也是多方面的。着手分析的工具及研究方法是美國社會學者常用的，許多對特定臺灣社會問題的解釋，也是循用美國式的，有時候，就難免讓人產生「只要將美國的社會問題名目搬來臺灣做就是臺灣的社會問題」的憂慮。

臺灣社會問題的研究，就在上述兩種社會學本身的性格下，在過去的二十多年點點滴滴的進行着。

如果對西方社會學的歷史有些了解，不難發現西方工業革命與社會變遷導致的社會問題是其社會學產生的主要背景因素之一，社會學的內

涵和性格也是針對工業革命帶來的社會變遷和問題而蘊育出來的，企圖對當時的環境做解釋，或是提出「對策」（不限於事務性的）。這個傳統隨着社會學的移植也傳到了新大陸，尤其是在十九世紀、二十世紀初美國極力工業化之後，工業化所帶來的變遷和問題也就成了美國的社會學得以開花結果的土壤，許多理論、學派就是在這種「社會需要」下應運而生。社會學傳到中國之後，它所應付的也是一個工業化社會中種種的變遷和問題，即使是對大陸農村經濟的種種調查研究，也是在企圖了解工業化下的農村經濟問題。其中費孝通等人對農村工業的探討，更是從商埠對內陸農村經濟影響這個觀點出發的。總之，當年社會學「問題取向」與「實用取向」的形成，莫不以工業化的社會問題為導因。二十多年來，在臺灣的社會學研究，這種處理工業化社會問題的反應傾向，尤其顯著。這一方面說明臺灣的社會學繼承社會學的歷史和傳統，表現它普遍性的一面，另一方面却也反映了臺灣在三十年來的若干經濟社會變遷的主要動向和軌跡——工業化！通常是社會變遷在前，社會學研究的反應在後，這中間大概有幾年甚至於十年左右的時間差距。不可諱言，這又是另一個過去正統西方社會學在歷史上形成的一種特有保守傾向，臺灣的社會學也似乎承襲了這一點。這又毫不隱瞞的反映在社會問題的注意和研究上。

二、反映在社會學研究的臺灣社會問題

　　為了討論臺灣社會問題研究的現況，有幾點必須先聲明。第一，這裏所指「研究」是廣義的說法，包括所有一般性以社會學觀點討論的文章，並不限於嚴謹的經驗研究結果。第二，下面所根據的資料都是現成的，包括龍冠海教授的那篇「社會學在中國的地位與職務」（一九六

三）；　楊懋春教授的「社會學在臺灣地區的發展」（一九七六）；　以及臺大社會學會的「社會學中文文獻目錄：　一九五〇——一九七七」（一九七九）。第三，　這一節所能做到的，是將上述這些資料加以排比整理，為的是想看一看過去社會問題在社會學者筆下、言下的過濾情形。

（一）在對一九五二年到一九六三年十二年當中社會學研究的回顧文章裏，龍冠海教授用「社會調查與研究」一節介紹了那段期間社會學界對臺灣社會問題的重視及具體的研究結果。比較重要的是農村社會經濟問題、都市與工業的問題，以及少年犯罪問題。前兩者都是由當時的農復會委託美國農村調查專家 Raper 主持，　並由國內當時少數的鄉村社會經濟學者參與合作而成；第三者則是當時的東吳大學少年犯罪研究的一分研究報告。　值得注意的是龍冠海教授在結論中對其他幾項「重大」社會問題應加強研究的呼籲，那幾個社會問題分別是人口（包括移民）問題，家庭與婚姻，貧窮，就業及失業問題等。有意思的是，在一九六三年之後，這些社會問題的確是受到社會學界的普遍重視；很多後期的研究和討論是落在這些問題層面上的，這就是前述所謂問題發生與研究反應之間的時間差距。

（二）楊懋春教授那篇在國際社會學會發表的文章，算是繼龍冠海教授上文之後對臺灣社會學的發展和研究成果做了進一步的評述。在他的文章裏，將歷年臺灣社會學界做的研究工作分成十一大類，其中可以歸屬於社會問題的佔有六類，　他們分別是一、　鄉村事務和鄉村問題；二、都市問題；三、家庭問題；四、人口問題；五、青年問題（青少年犯罪）；以及六、　政治權力轉變的問題。　從這六類社會問題的研究內容看來，從一九六三年龍冠海教授寫完那篇文章以來，到一九七六年之間的十四年當中，社會學者對臺灣社會問題的敏感性愈來愈大，注意的範圍也較前期廣得多。在楊教授的文章還提到一件值得關心臺灣社會學史

的人注意，那就是政府透過國科會和農發會（前農復會），可以影響到社會學對現實社會問題和若干社會方案的研究，尤其是評估方面的研究。這點觀察在今後社會學的發展趨向，有愈來愈真實的可能。尤其是中央及地方政府的研究單位，紛紛成立之後，社會學者被「應徵」「委託」所研究的機會將愈來愈多，而研究的題目都是指定的。換句話說，「問什麼問題」不是社會學者的事，已經由委託單位決定了，從這裏可以多少摸索出政府對今後臺灣社會學的研究會有舉足輕重的影響力量。很明顯的一個結果是臺灣社會學的「實用」性格將因此愈來愈加深。

（三）臺大社會學會主編的「社會學中文文獻目錄」，算是一本採用廣義定義去收集一九五〇年到一九七七年之間可以供社會學了解的文章及書籍。在這目錄中，期刊論文部分列有「社會問題」乙項，一共收集五百篇大小期刊文章，分別在下面十三個編者們認定的「問題羣」，社會風氣、社會病理、種族問題、貧窮問題、色情問題、養女問題、墮胎問題、煙毒問題、自殺問題、公害問題、教育問題、留學問題、華僑問題。除了種族問題、華僑問題不直接涉及臺灣本地的「社會問題」之外，其餘的十一個問題羣都相當有其關聯性 (relevance)，值得進一步注意。此外，在這本目錄中，在別的類目下，跟社會問題有關的還包括有人口問題、勞工問題、犯罪問題、青少年犯罪問題、家庭關係問題、老人問題、婚姻問題、都市問題、住宅問題和鄉村問題等等。

（四）從龍冠海、楊懋春的評述，到上述目錄，對臺灣社會問題的討論當中，我們可以找出幾點非常有意義的觀察，值得分別列舉出來。

1. 社會學者對社會問題愈來愈重視，所涉及的面相也愈來愈廣。

2. 這種廣涉的趨勢，一方面是反映了臺灣社會問題的本身，另一方面也表達了社會學者本身若干認知上的選擇。

3. 民國六〇年代以後，反映在社會學議題上的社會問題，有較五

〇年代時期更複雜、更深入；其與臺灣社會變遷，經濟成長之導源於工業化是息息相關的。這些六〇年代新形成的社會問題包括有：所得不均相對的貧窮問題、色情問題、勞工問題（尤其是勞資問題）、犯罪問題（尤其是青少年和經濟犯罪）、家庭與老人問題、都市住宅問題、鄉村中的農業經濟問題，以及特別突出的環境及公害問題、政治權力轉移及分配的問題等。

4. 在討論分析各項社會問題的時候，所持解釋的觀點，相當一致。不外乎集中在文化與社會的失調、社會解組，和個人行為偏差三方面。可是要提醒的是這些觀點却都還是相當片面而膚淺的「淺嘗而止」，並沒以某一觀點及其理論架構對某一社會問題做深入的探討和闡釋。而且上述這三觀點應用到說明臺灣社會問題時，都相當程度的偏袒現存社會制度及結構；對社會問題的受害者雖同情有加，但對造成社會問題的社會制度本身却批判不足。換言之，比較帶批評意味的觀點或理論，如指稱理論 (labeling theory)，利益衝突論，或是社會運動論等，似乎還沒有被引用來解釋臺灣的重大社會問題。

（五）這兩年來，臺灣社會問題的研究領域裏有兩件值得一提的事。一是「當前臺灣社會問題」的出版，一是臺灣大學社會學系「社會問題」課程，採取集體授課。「當前臺灣社會問題」由楊國樞和葉啓政兩位教授主編（巨流圖書公司出版，一九七九）。該書可以說是第一本比較有組織的臺灣社會問題參考書，至少所談的都是針對臺灣現況，資料也都從本地彙集，所選擇的問題也相當顯著。臺大的「社會問題」課能一改往常，由一位教授唱獨角戲，教遍所有問題，是當今值得鼓勵的一種「社會問題」教學法，或許其他大學的社會問題課程也能試一試這種方式，由不同教授他們比較有深入了解的個別社會問題，這對學生領悟各種形形色色社會問題的真相是有較大幫助的。

茲將「當前」一書及「社會問題」課本所排出來討論的社會問題列舉如下：

1. 在「當前臺灣社會問題」中，一共分析了十八項社會問題，不過再加以歸納，我們不難發現這些作者們所關心的問題羣大致上分為十類。這十類分別是：

① 社會變遷與偏差行為的問題：工業化過程中中國人在性格及行為上的矛盾現象、精神醫療、藥物濫用。

② 犯罪問題：臺灣地區犯罪現象的分析、少年犯罪、大衆傳播與青少年犯罪行為。

③ 家庭問題：變遷中的家庭。

④ 老人問題：老年問題與老年福利。

⑤ 人口問題：人口集中、人口質量、鄉村人口外移對農村的影響。

⑥ 教育問題：升學主義下的教育問題、大專畢業生專長利用的問題。

⑦ 宗教與迷信問題。

⑧ 貧窮問題。

⑨ 居民問題。

⑩ 公害問題。

2. 臺大「社會問題」的課所涵蓋的問題則從四個方面來看，一是偏差行為（青少年犯罪、精神失常與藥物），二是結構方面的問題（婚姻與兩性關係、都市化與農村問題、老年與家族），三是制度方面的問題（升學主義與教育問題、公害、所得分配與貧窮），四是價值方面的問題（價值與行為模式重組）。

明顯的，上述這些被討論的社會問題羣相當的能反映目前臺灣社會

存在的各個社會問題面相，這一書一課的意義也卽在於其有較廣的包容性。

三、對臺灣社會問題研究的若干反省

從臺灣社會學本身的特有性格，臺灣社會政治的結構來反省目前社會問題的研究（如上節所述），我們可以得到下面幾點初步觀察：

（一）許多社會問題的研究，在還沒有深入分析和了解問題的本質之前，就太過於急切講究該問題的解決；這是草率而不負責任的作法。

（二）由於許多社會問題的研究是被動受委託的結果，於是乎社會學者受到「僱傭」關係所影響，批判問題的精神就顯得微弱得多，而多半以應用社會學自居，而隨卽犯上前項觀察的毛病──馬上想找到解決之途。

（三）對社會問題的處理，多半將某一問題孤立起來研究，對其他問題或社會結構則不是輕輕帶過就是視之爲常數，於是乎對個別社會問題雖有非常細節的描述及討論，但問題的「社會性」却往往被忽略掉了。

（四）在「解釋」臺灣社會問題時，過份依賴西方尤其是美國社會學的觀點，這點可能是社會學本身的問題。本土的解釋往往會被抹煞掉，於是乎許多臺灣本土特有的社會問題可能就不被發掘出來（而明明却存在），譬如說都市中兩代家庭成員之間的衝突和調整問題（尤其是婆媳之間）。有時候則是忘了本土的社會特徵，譬如對老人福利的處理問題，就往往忘了家庭功能，而只看到老人院的必要性。

（五）對各種社會問題的研究，多半缺乏一種「歷史」及「結構」的觀點去分析，以致無法透過對個別社會問題的認識舖陳出對臺灣過去

三十年來社會、經濟、政治甚而文化變遷發展的軌跡。也因爲如此，許多現在看來非常能反映深一層結構變遷意義的問題，就被當時給忽略了。譬如說民國四〇、五〇年代的省籍問題與社會職業流動的關係，還有政治權力分配的問題等，甚至於民國六〇年代的勞工階級形成問題、工會問題、城鄉（衝突）問題也都未被社會學界應有的足夠重視。基於此，民國七〇年代臺灣社會問題研究的觸角應該更廣、更深，用歷史和結構的觀點去面臨七〇年代。

臺灣社會將會遭遇更多特有的社會問題，如農村經濟改組、鄉村社會政治的穩定問題、環境公害問題、都市住宅及民心安定問題、通貨膨脹下的中下層收入家庭經濟生活品質的特有問題、消費者問題、全民的生活品質問題， 以及可能受物價波動、 能源危機影響的社會福利問題等。

總而言之， 我們寄望於民國七〇年代的臺灣社會問題研究能具有「本土的」、「歷史的」、「結構的」和「批判的」性格。也唯有如此，這類的問題研究才能對臺灣社會問題有誠實的了解，也才可能進一步去談它們的解決途徑。

參 考 書 目

臺大社會學會　社會學中文文獻目錄（臺北：成文出版社），民國六十八年。

葉啓政　「從中國社會學旣有的性格論社會學研究（中國化）的方向與問題」（發表於社會及行爲科學研究的中國化研討會，中研院民族學研究所主辦，民國六十九年十二月二十一～二十四日）。

楊國樞、葉啓政　當前臺灣社會問題（臺北，互流），民國六十八年。

楊懋春　「社會學在臺灣地區的發展」，中國社會學刊，第三期，民國六十五年。

龍冠海　「社會學在中國的地位與職務」，臺大社會學刊，第一期，民國五十二年。

蕭新煌　「社會學與社會批判」，綜合月刊，第一四五期，民國六十九年十二月；「社會學中國化的結構問題：世界體系下範型分工的初探」（發表於社會及行爲科學研究的中國化研討會，中研院民族所主辦，民國六十九年十二月二十一～二十四日）。

二、貧窮問題

第三章　美國的貧窮問題

蔡　勇　美

　　古今中外，任何社會一談起所謂貧窮問題，通常指二種相關而不相同之現象。一爲絕對性之貧窮，一爲相對性之貧窮，所謂絕對性的貧窮係指社會中之部分成員，此部分成員可大可小，因各種不同成因，無法滿足其日常生活中之食、衣、住、行、育、樂等之最基本之起碼需要，如吃不飽，穿不暖，或飢餓而至死亡。此種所謂絕對性之貧窮問題，一般說來較容易受社會之注意與接受，解決這種貧窮問題亦較直接而簡單。有些社會此種問題仍相當地嚴重，尤其是較落後的國家，有些社會此種問題已幾乎不再存在。所謂相對性之貧窮，其問題之本質，成因，理論之解說，社會成員對此種問題之看法，解決此種問題之策略，一般說來則要較複雜，較不一致，亦較不容易解除。除此之外，此種相對性之貧窮問題，亦因時因地而相繼改變。譬如說，據蕭氏（Chalfant, 1981）之統計資料，在美國公元一九七八年，所謂貧窮之分界線係指一家四口，居住於都市中，年入爲六、六六二美元。此種收入要比世界中絕大部分國家的每戶平均所得要高出許多，不過在美國則被認爲是貧窮階級。其主要原因仍是因此種收入，在美國一九七八年代，一家四口無法維持合

宜之生活程度，所謂合宜之生活程度的具體定義為何呢？據蕭氏之解說，在二十世紀的美國，係指合宜之住所，即有暖氣及水，浴廁之設備，具有足夠營養適口之食物，對所謂科學性之醫藥設備有應用之能力與機會，其衣着要高於簡單之溫暖程度等等。由此可見，此種相對性之貧窮問題，乃因時因地因社會成員及政府對此種問題之注意注重程度而不同。

　　本文將簡要地討論美國貧窮問題之發展過程，問題之深廣度，因貧窮問題所帶來之不良後果，對貧窮問題之理論解說，最後則討論美國對解決此貧窮問題之一些政策。從社會學之觀點看，二十世紀美國的貧窮問題之諸元中，最嚴重而最需要注重的，乃是其不良後果。這是因為美國社會之建立與發展，乃是基於所謂機會平等之價值觀念為主之故。因此談及貧窮或任何社會問題，一社會之基本價值觀念是很重要的。因為這些社會的基本價值觀念，乃是衡量評價任何社會現象之基準。

一、美國貧窮問題發展之過程

　　儘管在一般人之心目中，美國係一富有而強大之國，貧窮階級及問題早已存在，不過美國社會及成員對此階級及其問題之看法則因時而變。據史氏 (Scarpitti, 1977) 之說，十八世紀的美國，其貧窮現象並未被認為是一社會問題，貧富不均為當然之社會現象，鄰里中富濟貧，貧尊富乃是必然之道，其問題範圍乃止於地方鄰里之互助互濟，而不涉及整個社會體系。不過此種看法，因社會之變遷，由簡單穩定之社會轉向複雜流動之社會，鄰里相助已不足夠解決此種貧窮問題了。

　　十九世紀的美國，因其基督宗教之意識與信仰，再加上其似乎毫無止境的領土與積富之機會，一般社會成員對貧窮看法仍限於所謂的個人

觀，亦即成功上進乃是個人努力之成果，相同的，貧敗乃是個人懶笨之結果，貧窮完全為個人之責任，社會不用補助救濟貧窮成員。此種對貧窮的態度直到二十世紀的一九三〇年代才有真正而顯著的改變。因經濟不景氣，許多人雖有技能並願意工作，却仍找不到工作，隨着失業而來的貧窮，變成相當普遍，而社會對貧窮的成因之看法，乃開始有一基本之改變，此種所謂社會結構所帶來的貧窮觀，即使到二次世界大戰後，仍繼續有很顯著之印證。自動化機器之應用，取代了從事農礦業之人員，很大部分失業之農礦工人湧向都市，造成城鄉皆存的貧窮現象。而在這些貧窮的成員當中，很大部分的比率是所謂「少數種族」成員及所謂女人戶主的家庭。哈林頓氏 (Harrington) 的其他的美國人一書之出版 (THE OTHER AMERICA, 1962) 可以說具有了喚醒美國人，對此貧窮問題之注重的作用。美國政府與社會對貧窮成員及階級乃開始有正式地負起責任之態度及解決貧窮問題之決心與全面性的政策之成立。

二、貧窮問題之深廣度

在討論貧窮問題的深廣度前，我們應該先討論一些衡量貧窮的標準。在二十世紀的美國，絕大部分的貧窮問題可以說是前面所述及的相對性的問題。而相對性從一方面看，可以說是個人主觀的看法，客觀性之指定雖為科學研究不可欠缺之標準，仍不免有其不完全的地方。美國政府幾經研討，乃決定以家庭戶口收入為貧窮之分界線。一九七八年前已述及，一家四口，一年收入低於六、六六二美金者，乃視若貧窮階級，不過依勞氏 (Lauer, 1978) 之研究，此種政府所用之貧窮分界線，實在相當地不足。

一旦有了此種客觀的衡量標準，第一個問題乃是到底美國有多少貧

窮之成員，美國第一個官方之統計一九五九年指出有百分之二十二或幾乎有四千萬人，即全人口的五分之一。到一九七八年，其百分比爲十一點四，或二千五百萬人，依此官方之統計，美國貧窮之人數在這二十年當中減低了一半。不過社會科學家們認爲官方所定之收入，實不足以維持合宜之生活程度，因此所謂貧窮的人數與百分比，要比官方所提之統計資料來得高。據米勒氏之統計 (Miller, 1970)，美國的貧富之差距從公元一九三〇年到一九六〇年代，並未有顯著之變化。因此從這一觀點看，美國的貧窮人數與百分比雖有降低，貧富懸殊與差距則未有變化。

第二個值得提出的問題爲，那些人爲美國的貧窮者？據蕭氏(Chalfant)，一個簡單的公式爲：黑人種族，居於美國南方之鄉村中，女人爲戶主之家庭，年紀爲六十五歲以上者。美國黑人被劃分爲貧窮者，在公元一九五九年爲百分之五五‧一，公元一九七八年則降爲百分之三〇‧六，同兩時期之白人百分比則爲一八‧一及八‧七。黑白之差距與百分比數，不但沒減低，事實上從三倍增到三倍半。美國其他少數種族之情形與黑人之情況很相近。女人爲戶主之家庭，則是另一個高百分比之貧窮者，與黑人爲戶主之家庭相比較，其情況要比黑白之比較更壞。貧窮的老年人，即六十五歲以上，則是第三個很顯著的貧窮者之類別。

第三個值得提出的問題爲，到底這些所謂貧窮者，其貧窮的程度若何？據美國人口調查局之數目看，一九七八年在這些貧窮者中，其平均收入大約爲四千三百美金，與分界線的數目相比要差二千美元之多，而黑人之數目則要比這數字大得多。意即美國黑人佔貧窮中之窮者之絕大比率。儘管如此，大部分的貧窮者，因人口關係，仍然是以白人爲主，大約三分之二左右。

三、貧窮問題所帶來之不良後果

貧窮問題雖有其不同之理論解說，其所帶來之不良後果，尤其是對那些所謂貧窮階級之成員，則是很明顯而一致的。本節就一些較明顯的地方提出討論。

第一個不良後果係即文化體系方面的。一般貧窮者，在其不良社會環境中，如貧民窟的過分擁擠，高犯罪率，高無業失業遊民等等，經過一段時期後，會產生一些不良的文化體系，或不良副文化體系，如缺具上進動機與勁力，對現時之過分注重，對未來生活缺乏準備等等，這些文化體系因素，在高度競爭的美國社會中是相當不利的。這也說明了為何貧窮出身的子弟們，通常於成年後亦變成貧窮階級之一分子。此種所謂「貧窮文化」係由路易斯氏 (Lewis, 1966) 於研究拉丁美洲貧民窟居民之生活後所創作的。反對此種說法者相當多，他們認為此種態度及文化體系因素即使是有存在的話，亦不過是對極端不利的社會環境的一種行為反應而已。不管誰是誰非，其不良後果則是相同，貧窮者之社會居處環境在許多方面來說是相當不利的。此種不利的環境，再加上經濟上之缺欠，帶來許多與貧窮相關連之許多不良後果，這也是我們下面所要討論之題目。

第二個不良後果為方便計，稱之為貧窮之相關連體，這包括教育、住宅、家庭生活、醫療衞生保健、個人安全、平等法律保護等方面。現就這些方面一一陳述。

貧窮者之子弟受合宜的教育機會要比一般成員之子弟來得差，一般貧窮者因收入之關係，其學校素質與環境要比中產階級者來得差，學校環境因注重中產階級之價值觀念與行為標準，對貧窮子弟不但毫無吸引

力，相反的有排除疏離之作用，其結果乃是對教育過程的缺乏動機，因此貧窮者之子弟們，不但未能應用教育之機會以脫離貧窮之環境，相反地，因教育制度之關係而如惡性循環般地代代繼承貧窮之地位。

因經濟收入低微，一般貧窮者之住宅居所，不但設備不足，事實上在很多方面看是不安全的，多不暖夏不涼，衛生環境差，疾病傳染快，着火倒塌之可能大。此種不良之居處環境，對個人有幾種不良之影響。在此種環境長大的人，通常不易培養自尊心，自信心。其結果乃是高度自卑感，對所謂正常的行為則難培養遵從。賭、嫖、偷、吸毒、逃學等等乃成正常之行為。不良的人造實體環境對個人身心及行為之影響，在貧窮者來說是最真確不過了。

另外一個與貧窮相連結之現象乃是家庭之特質及其生活方式。一般說來，由於各種不同原因，如無知、無規律之生活起居方式等，貧窮階級之家庭人數在美國要比一般中產階級來得大。人多錢少之一明顯後果，乃是營養不足，照顧不週，社會化過程之培養的欠週全，貧窮階級之家庭的另外短處乃是欠具和諧。男人為中心之主義，女人為戶主者，這些家庭因素對於以中產階級為主之價值觀念與生活方式的美國社會來說是極不利的，在此種環境長大的個人，總不免培養出所謂疏離感的現象。此種問題一般中產階級以上的人，很少能夠了解或同情的。

醫藥衛生保健是貧窮者之另一悲劇。哈氏 (Harris, 1970) 稱之為「生存病人」。他的健康程度差，營養不良，受疾病侵襲傳染之可能性大，而在此同時接受醫藥處理與保健的程度亦極差，其明顯的結果乃是短命多災。身心不健康的人，很難能有正常的生活及成就的。

除了這些短處之外，據美國統計數字看，貧窮者常是罪犯的攻擊對象，如強姦、盜劫、挨打等。並且即使在所謂法律平等的司法體系下，貧窮者一旦犯罪，據統計，其被判刑及受重刑之可能性要比中產階級以

上者要高得多。似如此類的不良後果當然還很多，不過從這些描述，我們實不難推演出，爲何在美國，儘管有其開放社會體系，機會平等價值觀的重視，而貧窮者之惡性循環，即代代貧窮傳繼之現象，爲何如此普遍了。

四、貧窮問題之理論

　　提及貧窮問題之理論，一般說來有兩種主題，一爲爲何貧窮問題之產生與繼存，另一爲貧窮現象是否爲一社會問題？因篇幅之限制我們在此簡單地討論此二問題。在任何社會體系，只要有分工合作與競爭之現象，貧富之差距的存在是難免的，依結構功能學派理論之說法，那些扮演重要角色，具有高教育及訓練的人，如醫生、科學家，應該享受高的生活程度，那些扮演不重要角色或毫無教育者，則不該期待富有之生活程度。事實上，低生活程度及一些與貧窮相連結之現象，即如上所描述的，乃是因爲這些不求上進，不努力改造自己所應有之下場與後果。此種理論說法，很明顯地，認爲貧窮階級是貧窮者個人之責任，社會結構與社會體系與貧窮不相關。社會分工的另一要點是，社會成員依其受教育與訓練程度之不同，扮演各種不同之角色，持各種不同之職業。事實上貧窮階級之存在是必要的社會體系因素。甘氏（Gans, 1971）曾提出許多種貧窮階級對社會所扮演之重要功能。因此貧窮階級乃是社會必存的重要一環。

　　在此理論之解說下，貧窮現象很難被認爲是社會問題的。假若貧窮現象不是社會問題，而是貧窮者的個人問題，那麼對此現象實不用有任何社會政策來改進解決這些現象的必要了。美國一般民衆雖仍持有此種看法，不過一般人認爲社會仍有救濟協助這些貧窮者之必要。這也是爲

何美國政府有各種不同社會政策來處理這些問題的原因。

　　另外的一種理論一般說來較具激進性，該理論認為貧窮者乃是社會結構之犧牲品，他們是富有者剝削的產品與對象，貧窮者個人毫不必負任何的責任。社會有改進他們的貧窮環境的義務。因此社會的財富應該重新分配。貧富差距應該完全免除，不同的社會階層之產生與繼持不應與社會分工相連結。毫無疑問地，一般美國人民並不接受此種說法，不過大抵多少接受貧窮與社會結構有關之說法。這也是為何有各種不同的社會政策之成立與執行，其目的乃是在於減除貧窮之社會問題。

五、一些解決貧窮問題的政策

　　如上所述，在美國今日雖然有各種不同的社會政策處理其貧窮問題之存在，但美國民眾仍視貧窮問題為貧窮者個人之基本責任，因此之故，一般政策仍以改造貧窮之個人為主而不對社會結構做大刀闊斧之改變。第一類之社會政策包括各種社會福利政策，如聯邦政府的安全收入補助金 (Federal Supplement Security Income)，一般資助金 (General Assistance)，聯邦與州政府合付之依賴眷屬家庭支助金 (Federal and State Aid to the Families of Dependent Children)。據錫勒氏 (Schiller, 1980) 言，這些收入實不足夠使這些人改進其情況。除此之外政府會因這些人的任何收入而減低其福利與支助金，因而降低了這些人求職及就業的動機。除了這些福利措施以外，另外還有實物配給及類似的間接補助福利政策，如食物券 (food stamps)，醫療補助，學童午餐之補助等。

　　另外一種常提出並有局部實驗過的社會政策包括所謂「正常收入維持政策」(Income Maintenence) 及「負收入稅」(Negative Income

Tax)。這一類的政策在於維持貧窮者某些程度的生活標準。這類政策之實施還是限於局部的實驗階段，全國性的實施恐怕還是很長久的事。

公元一九六○至一九七○年代，美國政府對所謂貧窮問題曾提出挑戰 (The War on Poverty)，此類的政策之重點在於幫助貧窮者改進他們求生之技能，如接受技藝訓練，對有聰慧的貧窮子弟給予鼓勵獎助。除此之外，這類政策亦求改造貧窮者之態度及其他所謂的副文化體系因素。其注重點在於認為，貧窮之癥結在於貧窮之身心的不適與敗壞。因此若能改造這些弊病，貧窮問題似乎可以迎刃而解。因為篇幅的限制，這些貧窮的福利救濟政策祇能極簡單地草述。

六、結　語

美國的貧窮問題主要的是相對性的而並非是絕對性。不過從上面的描述中看，相對性的貧窮問題之嚴重性並不下於絕對性的貧窮。從簡單的理論描述看，貧窮現象的存在也許是無法避免的，完全解除貧窮階級恐怕是緣木求魚。也許貧窮問題之眞諦不在於社會中有貧窮的成員，比較重要的問題在於那些因貧窮而相連結之不良後果，如教育、醫藥衛生保健等等。社會政策應該針對這些不良後果做有系統的，決定性的改革，因為這些不良後果正是貧窮者代代相繼與惡性循環之主要來源。任何一社會，尤其是對機會平等，個人自由及追求福利快樂極重視的美國社會，此種惡性循環之貧窮現象，可以說是貧窮問題之眞諦。

祇要一般社會成員仍繼續持有貧窮為貧窮者個人之責任，對社會結構與體系所可能帶來之因素繼續否認的話，美國的貧窮問題是無法解除的。因此，將來的解除貧窮問題之策略，除了現行的一些福利救濟政策之外，使美國民眾了解社會結構與社會體系，對貧窮之產生與繼持之影響，恐怕是最重要之一環。

參 考 書 目

本文作者謹謝蕭爾芳特 (H. Paul Chalfant) 博士供應有關貧窮問題之最新資料，這些係由蕭氏 (一九八一) 出版之社會問題 (*Social Problems*) 一書中取材。

Chalfant, H. Paul and Robert Beckley, SOCIAL PROBLEMS, New York: St. Martin, 1981.

Gans, Herbert J., "*The Uses of Poverty: The Poor Pay All*," Social Policy, Vol. 2, No. 2 (July–August 19 71): pp. 21-23.

Harrington, Michael, THE OTHER AMERICA: ONE-FIFTH OF A NATION, N. Y.: Macmillam, 1962.

Harris, Louis, "*Living Sick: How the Poor View Their Health*," Sources, Chicago: Blue Cross.

Lauer, Robert, SOCIAL PROBLEMS AND THE QUALITY OF LIFE, Dubuque, Iowa: William C. Brown, 1978.

Lewis, Oscar, "*The Culture of Poverty*," Scientific America, 215: 19-25, 1966.

Miller, Herman P., "*Is the Income Gap Closed? No.*" pp. 56-63 in Harold L. Sheppard (ed.), POVERTY AND WEALTH IN AMERICA' N. Y.: Quadrangle, 1970.

Scarpitti, Frank, SOCIAL PROBLEMS, N. Y.: Holt, Rinehart and Winston, 1977.

Schiller, Bradley R., THE ECONOMICS OF POVERTY AND DIS-CRIMINATION, (3rd edition), Englewood Cliffs, N. J.: Prentice-Hall, 1980.

第四章 臺灣的所得分配與貧窮問題：觀點和證據

陳寬政　蕭新煌

一、前　言

「貧窮」可以說是在社會學研究的傳統裏，一直都被重視的問題之一。不管各個社會學家本人的訓練、學派背景是什麼，沒有一個社會學家會否認貧窮的存在和它的「問題性」。不過，具有不同「範型」取向的社會學家，却可能會對同一「貧窮」問題，持有相當大差異的看法，就以「把社會學看成怎麼樣的科學？」來分出三類「範型」相異的社會學家，一是「純粹科學」取向的，二是「應用科學」取向的，三是「批判科學」取向的。由於他們對社會學的本質和目的有不同的認知，對「貧窮問題」也就產生了頗爲差異的着眼方向和態度。讓我們簡略的用下面這個表來說明：

很顯然的，「了解」、「解決」、和「批判」就分別成爲「純粹的」、「應用的」和「批判的」社會學家，在面對貧窮問題時最關鍵性處理態度和對策。我們認爲這三種處理態度和對策，在某個範圍內，都是不能缺的，在探討貧窮問題上面，尤其是如此。更值得注意的是，不

範型取向	對社會學的基本看法	對貧窮問題的分析重點
純粹科學	是一門像自然科學一樣找尋人類及社會行為通則的科學，它必須要能「價值中立」。	貧窮是否為人類社會的基本特徵？貧窮與「不均」是不是必然相聯，如何相關？「富」與「貧」的對立是否永遠並存？貧窮的類型和測量標準，客觀、主觀和相對？
應用科學	是一門該用來解決問題的科學，首先就要運用某種「價值」來選擇問題，研究時則不該再讓「價值」指使。	貧窮的原因是什麼？貧民有什麼特性？有沒有什麼可行的辦法去消除或減低貧窮問題？貧窮有沒有什麼牢固的「次文化」？要解決貧窮，跟所謂「貧窮文化」有什麼關連？政府與民間福利機構該如何做？
批判科學	是一門能洞悉人與社會互動；在歷史上的辯證關係的科學，變遷是社會學最重要的核心問題。價值中立不可能也不應該，研究的客觀才是重要的。	貧窮與社會政治經濟結構的關係？社會的不公平與不均等與貧窮的必然關係在那裏？資本主義社會制度是不是基本上就在製造貧窮？許多「救濟制度和措施」是不是也在助長貧窮的延續？

論是那一類社會學家，都認識到「社會不均」和「貧窮」的關係。換言之，要談貧窮問題就不能不談「社會分配」的問題，而分配問題當中，最明顯的，就是所得分配。這也就是為什麼我們要討論臺灣所得分配和貧窮問題的原因。

簡單的說，我們想強調兩點認識是：第一：貧窮問題和所得分配息

息相關; 第二: 探討臺灣的貧窮問題時, 瞭解、解決和批判應該同時並進。

二、貧窮的測量: 貧窮指數的客觀標準

貧窮對社會中的某些家庭來說, 旣不是學術問題也不是政治或經濟問題, 而是日常生活的實際問題, 柴米油鹽醬醋茶, 每件生活必需品都對這些家庭形成困難與威脅。我國有許多成語描述貧窮家庭的生活, 如「畫餅充饑」、「貧無立錐之地」、「寅支卯糧」、「仰不足以事父母, 俯不足以蓄妻子」、「不能溫飽」、甚至「貧病交加」等等, 經過知識分子的文字運作加添浪漫氣息以後, 逐漸變爲知識官僚階級使用來表示謙虛及幽默美德的特定用語, 以致於混淆貧窮問題的眞相及其解決途徑。多數的貧窮家庭必需依賴外力 (尤其是政府) 協助, 才能避免飢餓、疾病及凍餒侵襲。在這一段文字內, 我們試圖針對貧窮家庭的生活問題, 檢討臺灣現行的貧戶認定標準及其救助辦法, 進而討論近年「小康計畫」消滅貧窮的效果及政府措施之改變, 顯然, 這包容了純粹瞭解和應用評估雙重取向。

世界各國爲了救助貧戶及「消滅」貧窮, 均擬訂某種認定貧窮的標準, 以美國爲例, 有所謂「貧窮線」 (Poverty Line) 或「貧窮指數」 (Poverty Index) 之設定。根據 Perlman (1976: 3-18) 的敍述, 始作俑者是美國聯邦農業部。農業部爲了建立營養及食品消費標準, 歷年來均編製一套適合不同消費水平的營養表, 其「廉價營養表」提供最低營養標準, 僅足以維持身體健康。「廉價表」之擬訂非常嚴密精細, 需要精明能幹的家庭主婦來執行: 不僅購買食品時要精挑細揀, 而且烹調時要技術純熟。雖然美國的福利設施均採「廉價表」爲食品配額的標準,

聯邦政府的福利收支（所謂公共移轉）却無法提供足額的經費來滿足此一最低標準。所以，農業部增訂了一項「經濟營養表」，其食品成本是「廉價表」的百分之七十五至八十之間，僅供緊急情況使用。長期使用「經濟表」會造成營養不良，有害身體健康。由於美國一般低收入戶食品消費額約佔其總消費額三分之一，聯邦社會安全局乃將農業部各項營養表的食品成本乘三，取得不同水準的最低生活費（或最低消費額）。一九六四年，美國經濟顧問委員會採用「經濟營養表」的最低生活費爲「貧窮線」，凡收入低於此一最低生活費的家庭均爲貧戶，一九七○年時一個四人家庭的貧窮指數是年入三、九六八美元，一九七五年則爲五、五○○美元。

因此可知，我們發現美國貧戶的認定標準是在飢餓線以下，而我國的情況並不比美國高明許多。到一九七八年爲止，臺灣地區的貧戶救助均以一九六三年所制訂的「臺灣省社會救濟調查辦法」爲根據。此項辦法將貧民分爲三級：①全家人口均無工作能力且無恒產，亦無收益，非靠救濟無法生活者；②全家人口中，有工作能力者未超過總人口四分之一，而其家庭收入未超過全家最低生活費用二分之一者；③全家人口中，有工作能力者未超過總人數之三分之一，而其家庭總收入未超過全家最低生活費用三分之二者。可見得，在一九七八年以前，我國的貧戶認定與美國一樣，是採用「絕對貧窮」的觀念，不考慮一般生活水準昇高的問題。至於所謂最低生活費用，雖然宣稱比照省立救濟院所每人主副食費用合計擬訂，實際上則自一九六七年以來均固定在每人每月二○○元的水準上，臺北市則自一九七三年起增爲三○○元（陸光一九七五：三三）。表一陳列自一九六七至一九七七年臺灣地區（省市合計）貧戶戶數，人數及平均戶量（平均每戶人數），及其對臺灣地區總人口戶數、人數及平均戶量的比值，顯示：①貧戶人戶數及其佔總人口比重與

②貧戶平均戶量相對於一般人口戶量逐年減少的趨勢。如果表一數字代表實際狀況，則如省政府社政年報（一九七八：一一）所言，「本省人口逐年增加，但貧民人數却逐年減少；由此可見，本省繁榮進步與安定……代之而起的，省府將致力於輔導低收入人民轉變而成為高收入者，前途呈現一片光明美景」。

表一　「消滅貧窮」（一九六七～一九七七）

貧　戶　數　量				對　總　人　口　比　值		
年	戶　　數	人　　數	平均戶量	戶　數 (%)	人　數 (%)	平均戶量
1967	118,965	683,559	5.8	4.98	5.14	1.04
1968	107,727	596,676	5.5	4.37	4.37	1.00
1969	98,654	534,979	5.4	3.88	3.73	0.99
1970	88,587	466,889	5.3	3.38	3.18	0.95
1971	82,654	428,022	5.2	3.06	2.85	0.93
1972	75,568	377,136	5.0	2.72	2.47	0.91
1973	50,151	222,029	4.4	1.75	1.43	0.82
1974	37,530	158,534	4.2	1.27	1.00	0.78
1975	31,099	122,916	4.0	1.01	0.76	0.76
1976	25,920	99,392	3.8	0.81	0.60	0.73
1977	13,309	43,549	3.3	0.40	0.26	0.65

資料來源：①省政府社政年報一九七八：一一
　　　　　②市政府統計要覽一九八〇：表二〇八
　　　　　③中華民國統計提要一九七七：表一四

　　但是，表一數字所呈現的第一個趨勢（貧戶減少），至少有絕大一部分是由通貨膨脹形成，早經學者提出檢討與批評（陸光，一九七五：

三九）。由於定義貧戶的最低生活費用水準未跟隨物價調整，亦未因救濟院所主副食費用調整而調整，表一數字及省社政年報的說明自然有可研究之處。

　　表一所陳述的第二個趨勢（貧戶戶量減少）又只是通貨膨脹效果的見證，二、三級貧戶因最低生活費固定而大量的被取銷貧戶資格，而一級貧戶因係無工作及收入者，乃逐漸成為貧戶之大宗。一級貧戶的平均戶量從一九六七年的一‧八四人降低為一九七七年的一‧四七人，二級貧戶從一九六七年的六‧四七人減少為一九七七年的四‧七四人，三級貧戶則自一九六七年的六‧六九人減少為一九七七年的五‧七四人，三者均大略反映一般人口戶量的下降趨勢。然而，三種貧戶合稱貧戶，則貧戶的總平均戶量因三種貧戶的不同組成比而有變化，一級貧戶多則貧戶總平均戶量小，三級貧戶多則總平均戶量大。由於一級貧戶均屬人丁稀少的老幼戶口，一級貧戶佔貧戶總數的比重顯然逐年增加，使貧戶總平均戶量的降低速度超過一般人口戶量的降低速度，使貧戶平均戶量的降低趨勢直接透露通貨膨脹在「消滅貧窮」的「小康計畫」中所扮演的角色。

　　至於貧戶救助，各級政府社政報告均以生活補助，貧民收容，及貧民施醫為主要項目。前兩項以一級貧戶為對象，後一項則以全部貧民為對象。一九七一年三月，省府制訂「臺灣省改善貧民生活四年計畫」，規定一級貧戶戶長每月發給二〇〇元，每增加一人加一〇〇元，但因經費困難未能全面實施。一九七三年七月開始執行的一九七四會計年度，由省社會福利基金補助縣市，乃有全國一致的貧戶生活補助，每一貧戶平均每月取得二七三元的補助款（一九七三年時，一級貧戶平均戶量一‧六四人，共一七五三六戶）。一九七六年七月，生活補助調整為每人每月三〇〇元，一九七七年七月又調整為戶長每月五〇〇元，每增一

人加一〇〇元。一九七九年元月開始，再調整爲每人每月五〇〇元，則當年一級貧戶平均每月取得七六九元的生活補助（社政年報一九七九年十一月）。加上生活補助及貧民施醫爲對貧戶家庭生活的直接援助，則自一九七三年以來，其支出額從未超過省市政府總支出額百分之〇・五四以上，且有大幅降低的跡象。卽使合併社會保險、國民就業、社會救助（包括育老、養老、貧民收容、榮民之家、及災害救濟等支出項目）、國民住宅、福利服務、社會教育及社區發展等七項「現階段社會政策」項目之支出（總稱爲社會福利支出），它佔各級政府合計淨支出額未曾超過百分之十二的水準，似並不構成公共財政的重大包袱（中華民國統計提要一九七七：表一九九）。若干經濟學家所擔心福利支出會拖垮政府財政的擔憂，顯然是過份了些。

三、「相對貧窮」和「所得分配」

臺灣省政府於一九七八年修訂「社會救濟調查辦法」，中央政府則於一九八〇年公佈「社會救助法」，顯示了我國政府對貧窮問題的態度有了轉變，使社會救助進入了新時代。尤其是省府之修訂「社會救濟調查辦法」，改採「相對貧窮」的觀念來設定貧窮標準，是一項重大的發展。

貧窮之爲一個社會問題，其社會成分實在大於生理與營養的成分。到底要有多少收入才算「不窮」呢？或者說足以維持起碼的需要呢？答案因時因地而不同，表示貧窮的定義應該是相對性的。另一方面，在經濟發展的過程中，一般國民享受着與日俱增的生活水準，要求貧民安於不變的窮境也是不道德的。基於生活水準的考慮，提倡「相對貧窮」觀念的學者主張以收入最低的若干百分比的家庭爲貧戶。除非每個家庭的

收入都一樣，否則貧窮不是可以「消滅」的現象，而只是可以促發行動的現象。此一主張略加修改就產生了 Fuchs（一九六七）的貧窮指數，以平均收入或中位收入的二分之一或三分之一爲準，仍然使用「相對貧窮」的觀念，貧窮問題的嚴重性以此一指數來測量，可以因收入分配的差異而有變化， 每一個家庭均有高於此一指數的收入， 而其分配仍然呈現相當程度異質性並非不可想像的事。一九七八年臺灣地區個人所得分配調查指出臺灣省的個人已分配要素所得平均爲每月二五五〇元，新修訂的「社會救濟調查辦法」取其三分之一爲一九七九年的最低生活費（即八五〇元），二級貧戶爲工作能力未超過家庭人口的三分之一，且每人每月收入不超過最低生活費三分之二者，三級貧戶爲其他情形，一般貧戶則維持原來定義。 一九七九年時， 如此定義的貧戶於臺灣省有二五、七六五戶，一〇八、六六七人，平均戶量爲四・二二人。

　　其所顯示的貧窮眞相可能較表一符合實際的狀況。這在要求用客觀標準來測量貧窮當中，不失爲較可行的辦法。當然，主觀測量法在這裏還是無法照顧得到的，因爲那牽涉到個人主觀期望的問題在內。而期望的改變，更是因時間的變化而改變更快、更多，也因此有所謂「相對剝奪」（relative deprivation）的現象。這是社會學家非常感興趣的另一個課題。用前述「相對貧窮」的標準，總比「絕對貧窮」的測度要能較敏感的探索出在經濟成長過程中潛在的相對剝奪問題。

四、所得能力

　　「相對貧窮」的觀念使我們從貧戶生活的本身轉而關心所得分配的問題，進而探尋所得不均的現象及其成因。目前，可供引用的所得分配資料均指出，臺灣地區所得分配趨向均勻分配（臺灣地區個人所得分配

調查報告一九七九: 十四, 表二), 使用 Fuchs 指數如省府目前所使用者來定義貧戶, 其佔總人口戶數比重雖然也是逐年減少, 但貧戶數量則不見得會如表一有減少的趨勢。即使貧戶數量會有減少的趨勢, 其速率也不會像表一所顯示的那樣急速減少。換句話說, 過去十餘年來的經濟成長對於提供就業及所得方面確有緩和貧窮問題的貢獻, 雖然其成效是明顯的, 但不是屬於那種誇大效果。更值得注意的另一方面, 農戶與非農戶的所得差距自一九六四年以來竟然逐年擴大 (臺灣地區個人所得分配調查報告一九七九: 一八, 圖一), 漸漸形成一個新問題。一九七九年時, 農戶平均所得為總戶口平均所得的七二%, 為非農戶平均所得的六五%, 而且差距仍然在擴大當中, 如果臺灣地區的產業轉型及農戶與非農戶所得差距的趨勢繼續下去, 則農業戶口及所得在總戶口及總所得中的組成比率會繼續降低, 使總戶口平均所得愈來愈接近非農戶平均所得, 那將迫使農戶所得對總戶口所得之比值加速降低, 很可能於短期內就使多數的農戶變成為省府所定義下的「貧戶」。但是, 省府的定義除「相對貧窮」外, 尚有勞動參與人口佔戶內人口比數的限制。由於農業人口的勞動參與率一般都高於非農業人口, 就可能造成對農業貧戶救助的不合理限制。我們知道農戶所得低的原因有許多, 但絕不能歸因於懶惰。農戶勞動參與率高於一般家戶已明白的指出農業人口的勞動意願原本較強, 顯然, 農戶所得低於非農戶的原因要在社會、政治及經濟制度上求其根源才可能加以解決。

　　勞動意願的問題關係著「相對貧窮」標準的不合理。譬如說, 相同的一家四口, 於農村低收入家庭則無論男女老幼均屬有工作能力者, 於都市低收入家庭則有一部分係無工作能力, 低收入農戶就不但因勞動參與人口較多而不利, 而且更因合計所得較高而吃虧, 所以 Garfinkel 及 Haveman (一九七七) 兩人主張使用「所得能力」(Earnings Capacity)

來輔助「相對貧窮」的認定標準。所謂「所得能力」是以年齡、教育程度、都市化程度、就業地點及身分、婚姻關係等爲產生所得的因素，重點在於人力資源理論模型的使用 (Garfinkel and Haveman 一九七七：八——二一)，以便袪除所得的商業及生命週期變動效果及家庭背景的影響。他們使用「所得能力」討論一九七三年的美國所得分配，發現以「所得能力」來測度的所得分配不均度 (Gini Coefficient) 竟然佔已分配要素所得不均度的百分之八十。也就是說，社會結構賦予「能力」的不均，可以充分的說明了所得不均。於是，以教育推廣來提昇低收入戶口的「所得能力」應該是非常重要的政策工具。但是爲照顧低收入戶的生活而訂出的一些所得移轉，仍是貧戶面臨窮困時的基本救濟，不可以因其無長期效果而遽予削減。另外，Garfinkel 及 Haveman 又發現，以實際所得及「所得能力」的比值界定「能力使用率」則美國的低收入人口似乎反而有較強的勞動參與傾向。這跟我們對農戶偏低收入的檢討有類似的結論：那就是貧窮現象與社會、政治及經濟制度比較有相當強度的關係，與個人「工作意願無關」。

我國迄未有「所得能力」的研究以爲社會救助及所得再分配的政策的參考，社會行政有關單位應即擬定方案聘請學者協助發展有關的統計資料及分析。

五、臺灣有沒有『貧窮文化』？

幾年來，不管是國外、國內對貧窮的研究，都花了不少心思在所謂「貧窮文化」(culture of poverty)的現象上面。這原來是 Oscar Lewis（一九六八：七———一一）在墨西哥和波多黎各貧民窟做田野調查得到的概念。他認爲貧民（不完全都是本文所指的那些官方界定領救濟金的

貧戶）都具有某種共通的行為模式、價值觀念和宇宙觀，這種總和的結果，他叫做「貧窮文化」，事實上比較有意義的是一些行為模式而已，頂多可以稱之為一種「次文化」。這些貧民次文化的重要內涵大致上包括有：傾向權威性格；具有邊際感，無力、無助、依賴和自卑；自我概念脆弱；重現在，對未來沒有什麼寄望或計劃；退縮和宿命；男性優越感強，但對女性却又有複雜的情結存在；對心理病態的容忍度強；對地位的差異非常敏感；對現行制度猜疑，尤其是醫院、警察；狹窄的歷史觀；沒有辦法有階級意識的形成；性認同有問題；暴力常常是用來解決爭端的方法；以及對物質的擁有非常計較。Lewis 指出這些行為特徵會透由社會化一代一代的傳下去，換句話說，貧窮會變成一種習慣性的生活方式，而且似乎是選擇過後的結果，貧民的改變意願很低。

　　Daniel Moynihan (1965) 對美國黑人家庭也做了同樣的觀察，他說，美國黑人家庭生活是「亂七八糟」的，這種亂七八糟不全是美國社會當中歧異、失業、敗壞居住環境所造成的，更是一種自我滲透的貧窮次文化所造成的。Lewis 和 Moynihan 對貧窮問題的這種看法，最被詬病的不只是研究本身的一些方法論的問題，從批判的角度來看，「貧窮文化」這概念還可能帶來種種偏差政策的含義與暗示。

　　如果把「貧窮文化」當為可用來擬訂「反貧窮」政策的參考，那麼它的可能後果是：第一，忽略貧窮跟社會經濟結構的直接關係，也就是會掩蓋了貧窮是社會不均所造成的結果的事實，第二，會反而責怪社會問題的受害者——貧民；第三，會合理化地將改善貧戶就業住宅，受教育狀況的若干措施及經費降低其主要性而删減，因為貧民有主觀的貧窮文化，改善他們的客觀條件，還是沒有多大用處；第四，因而轉移注意力到改變貧民旣有的態度，價值，和宇宙觀，這就牽涉到加強所謂對貧民的社會工作專業服務，藉以消除貧民的「貧窮文化」。

這些政策暗示，對眞正解決貧窮問題可能都有負面的效果。第一，它基本上就誤解了貧窮文化的成因，因爲「貧窮文化」是貧窮問題造成的，而不是它造成了貧窮和貧民。貧窮有其結構和制度上的成因，要首先解決的應該是那些導致社會不均等的結構因素，如階級、經濟制度、教育、就業機會結構等，而不應是「貧窮文化」。第二，與其多派些社會工作員或精神科醫生去跟貧民周旋，不如加促「直接所得移轉」的管道，如增加就業機會，及收入保障等來得有效。

再者，臺灣的貧民也沒有明顯的所謂「貧窮文化」倂發症（沙學漢，一九七四；廖榮利，一九七九）；他們大都是能自重，信任別人，有進取精神，求改變，尤其對子女的期望更是無異於其他富人。前述的分析也顯示，低收入的勞動意願不低於一般人。換言之，產生問題的不是貧民個人本身的「罪過」，而却是社會經濟結構及制度中不合理的安排和缺陷，該改變的也正是那些社會的罪過。這點是政府在考慮消滅貧窮問題的政策時不能不特別注意的。

參考書目

Boguslaw, Robert and George Vickers, 1977 *"Prologue to Sociology."* (Santa Monica: Goodyear Publishing Co.)

Fuchs, Victor R. 1967 *"Redefining Poverty and Pedistributing Income,"* The Public Interest (Summer): 88-95.

Garfinkel Irwin and Robert H. Haveman 1977 *"Earnings Capacity Poverty and Inequality."* (NY: Acadenic Press, Inc.)

Lewis, Oscar 1968 *"A Study of Slum Culture."* (N. Y.: Random Houes)

Moynihan, Daniel 1965 *"The Negro Family."* (Washington D. C.: GPO)

Perlman Richard 1976 *"The Economics of Poverty,"* New York: McGraw-Hill Book Company

沙學漢 「貧窮文化: 一個評論」, 臺大社會學刊, 第十期, 頁四一~五〇, 一九七四年。

陸光 「臺灣地區的貧窮問題」, 社會建設, 二二 (五月), 頁三二~五五, 一九七一年。

廖榮利 「貧窮文化與貧窮問題」, 當前臺灣社會問題 (臺北: 巨流)。

三、家庭問題

第五章　美國的家庭問題

蔡　文　輝

一、前　　言

　　美國的家庭與婚姻制度在過去三十年間經歷了一段很顯著的改變。在早期美國歷史裏，家庭是美國社會裏一個相當重要的社會組織，而婚姻制度亦是相當嚴肅神聖的。即使在一九五○年代裏，家庭與婚姻仍然未構成所謂社會問題。從音樂上、電視裏，以及各種雜誌文章的描述，美國仍然是一個很重視家庭與婚姻的社會。但是到了一九六○年代，這種情況就有了顯著的改變。嬉皮運動否定了核心家庭的優點。性開放革命使得以婚姻爲中心的男女關係產生鉅變。同時新婦女運動者開始攻擊婦女在傳統家庭裏所受到的遭遇。家庭與婚姻此時成了一種很嚴重的社會問題，不少學者專家開始擔憂家庭末日的來臨。一九七○年代裏則開始對這些六○年代裏所指稱的問題有了一種新的認識，學者們強調那些六○年代的問題不會帶來家庭與婚姻制度的破產，因爲它們只是幾種比較少爲人所知的生活方式而已，例如性開放問題、同性戀、未婚同居等都是早就已存在的幾種生活方式，只不過以前是偷偷摸摸的，避人耳

目，而今日公開實行以與傳統方式並行而已。這些新的方式不僅無害，相反地，它使對傳統方式厭棄的人有解脫的地方，有發現自己嗜好的地方，這對社會還是有功效的❶。

雖然如此，一般美國人民對這些問題還是擔心的，更何況，學者專家們的意見與理論亦無一致。到底這些新的家庭與婚姻方式真的對社會有無害處，公說公有理，婆說婆有理，仍無定論。筆者在本文裏仍然主張把它們視為問題，主要地是因為其特質符合構成所謂社會問題的要件之一：那就是社會上有一大部分的人認為它們是問題。

在這篇短文裏，筆者將討論家庭份子間關係、性開放、離婚率，及新式反傳統的家庭與婚姻方式等問題，以供讀者參考比較。

二、家庭份子間關係

今日美國家庭最大的問題之一是家庭份子間關係的疏遠。由於社會環境的變遷，夫婦、子女、祖孫之間的關係與早期美國家庭來比，都有很顯著的不同。

首先讓我們談談夫婦之間的關係。早期美國社會裏對婦女的期望是

---

❶ 我想介紹幾本比較簡單明瞭又容易讀的書讓讀者參考: Keith Melville, *Marriage and Family Today*. 2nd Edition. New York: Random House, 1980 及 Judson T. Landis & Mary G. Landis, *Building. A Successful Marriage*, 7th Edition, Englewood Cliffs, N. J.: Prentice-Hall, 1977 是兩本很淺易的介紹性的書。另外 William M. Kephart, *The Family, Society, and the Individual*, 5th Edition. Boston: Houghton Mifflin, 1981 也可以一讀。資料最完整，但是比較高深的一本書是 Ira L. Reiss, *Family Systems in America*, 2nd Edition. Hinsdale, Illinois: The Dryden Press, 1976。我認為專攻家庭社會學的人都應該有這一本書。

一種賢妻良母式的類型，以輔助丈夫、養育子女、扶持社會道德秩序為角色的典型。但是從一九六〇年以後，這種傳統的婦女角色開始有了鉅變，在以前，婦女的生活圈子裏只有丈夫子女，其活動的範圍也只不過是住家和廚房。現在，婦女從業工作的人數越來越多，成為美國勞動人口的主要成員之一，根據一九七七年的統計資料顯示，二千六百萬十六歲以上的婦女從事全天性的職業 (Full time)，有九百萬是從事半日性的工作 (Part time)。以全部女性人口來講，有百分之四八‧五是從事某種職業工作的，這跟一九四七年的百分之三二來比有顯著的增加（美國勞工部：一九七八）。

　　單就已婚婦女來講，下面這個圖更可給讀者一個清晰的比較，特別是在家裏有六歲以下子女項，其增加是很明顯的 (Spencer, 1976: 128)。

　　婦女的就業，特別是有丈夫子女的婦女的就業給美國家庭帶來了一些重要的變遷與問題：

　　（一）丈夫不再是家內唯一賺錢的人，傳統的男性權威受到損害，家庭分工問題必須重新調配。

　　（二）丈夫和妻子同時在外工作，回家後彼此都累，而且各有各的

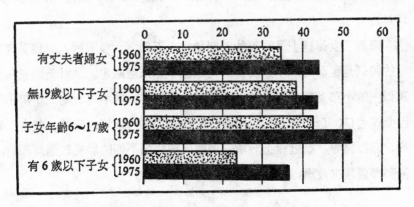

圖一　1960 與 1975 已婚婦女就業率比較

工作環境的困擾，彼此交談互動的時間和勁都減少，尤其是當雙方工作時間不同時（例如，一作日班，一作夜班）則情形更嚴重。

（三）子女的教養發生問題，夫婦都工作，子女只好從小就交由托兒所或他人代為照顧，父母子女間的關係有了新的變化。

這些變遷使得傳統家庭的權力結構，分子關係由明確而轉為曖昧，一個家庭社會學家這樣來比喻。他說，以往是丈夫帶肉回家，妻子把肉烤出來，夫婦和子女大家一齊吃。現在情況就沒有那麼清楚簡單了，因此問題也就多了 (Rubin, 1976)。

家庭問題的嚴重性可以在近年來日益增加的毆妻事件及迫害子女案件上看出來。在以往，家庭權力關係相當明顯，誰管誰是沒有疑問的，因此暴力事件反而少。現在夫婦之間，父母子女之間的權力關係曖昧，不知誰該管誰，爭吵不停，導致使用暴力以解決問題為手段。一九七六年美國聯邦調查局的報告指出在所有毆擊警察的案件裏有四分之一是調停家庭糾紛時受到的，警察死於執行任務上有百分之十三是在處理家庭糾紛而死的。一種調查資料估計全美國至少有二千八百萬的妻子遭受丈夫的毆打，同時也有一千二百萬的丈夫遭受妻子的毆打 (Langley, 1975)。

毆打子女傳統上是許可的，即使在今天仍有大多數的人認為某種程度的體罰是應該的，不過目前的問題似乎愈來愈嚴重。估計美國有一百萬以上的小孩受到父母身體上或精神上的虐待。其中有大約二十萬小孩因此死亡(Helfer et. al., 1974)。這些虐待包括毆打、監禁、禁食、辱罵、性行為等，最近報上刊載一個媽媽把哭鬧不停的嬰兒放進烤箱烤，直到鄰居趕來救出，後來該嬰兒還是不治而死。

三、離婚率的昇高

家庭分子的關係既然到了不可收拾的地步，離婚就成爲一條解脫的途徑。

美國離婚率的增高，可以從下圖顯出：在一九二〇年時，每一千人口中有將近二人是離婚的，一九七五年時則已增至幾近四個半人，在十五歲以上的已婚婦女中每一千人口在一九二〇年時才八人，一九七五年增至二十人。這樣的增加不能不說是值得重視的 (Reiss, 1976)。

大多數的離婚發生在婚後最初幾年。目前是平均六年半的期間，換

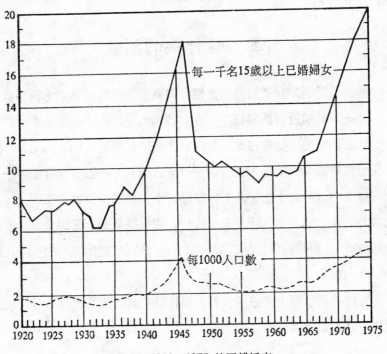

圖二　1920～1975 美國離婚率

句話說，從結婚到離婚，這婚姻只維持了六年半 (Department of Health)。另外根據一九七三年的資料，每一千個十八歲以下的小孩人口裏就有十五・八的父母是離婚的，這數目和一九五三年時的六・四比較，其增加是很明顯的 (Reiss, 1976: 324)。

雖然離婚的原因很多，但是歸根究底當事人雙方是希望藉解除婚姻來重新造一個新的生活。因此再婚機會的多寡自然成爲一個值得注意的因素。根據美國政府的資料，二十五歲以下離婚婦女再婚的機會最大。幾乎每一個在此年齡離婚的婦女都再婚。四十歲以下的離婚婦女有百分之九十再婚。另一方面，離婚男性再婚的可能性比離婚女性爲高，資料又同時指出有一半以上的離婚者在一年之內就再結婚了。但是資料也指出，有將近一半的再婚者會再離婚。

四、性行爲的開放

關於這問題，我們將分婚前性行爲與婚期內性行爲兩方面來講。

（一）婚前性行爲問題：一九六〇年代是所謂「性革命」的時代，早期美國保守的性態度在此一年代有了鉅變，根據一個一九七二年的報告指出未婚婦女中年齡十九歲者有百分之四六・一已有性經驗，十五歲未婚婦女中百分之十三・八有性經驗，十六歲的百分比是二一・二，十七歲是二六・六，十八歲是三七・一。如果以全國十五到十九歲未婚婦女總數講，則其百分比是二七・六。下表更可看出黑人的百分比更高 (Reiss, 1976: 170)。

雖然我們手頭上無最新資料，但按目前情況來講，其百分比應該是要比一九七二年爲高的。

表一 未婚婦女有性經驗者（一九七二）

(%)

年　齡	黑　　人	白　　人	總　　數
15	32.3	10.8	13.8
16	46.4	17.5	21.2
17	57.0	21.7	26.6
18	60.4	33.5	37.1
19	80.8	40.4	46.1
Total	53.6	23.4	27.6

表二的資料是有關十五歲至十九歲未婚婦女有性關係的對象人數 (Reiss, 1976)。

表二 15～19歲婦女性關係對象人數百分比

年齡	與　多　少　人　有　性　關　係								總　　數	
	1		2～3		4～5		6 或以上			
	黑	白	黑	白	黑	白	黑	白	黑	白
15	64.6	72.5	27.4	15.4	4.8	9.5	3.2	2.6	100.0	100.0
16	67.3	68.5	26.8	18.9	4.2	5.5	1.7	7.1	100.0	100.0
17	60.6	64.2	30.1	24.4	6.4	4.9	2.9	6.5	100.0	100.0
18	59.8	59.4	34.4	24.0	4.4	10.1	1.4	6.5	100.0	100.0
19	56.0	47.6	23.3	30.5	9.1	13.2	11.6	8.7	100.0	100.0
Total	61.0	59.9	28.4	24.1	6.0	9.2	4.6	6.8	100.0	100.0

另外，美國花花公子雜誌一項對已婚男女的調查也發現婚前性行為是相當普遍的，尤其是在年輕的一代。在十八至二十四歲已婚男性有百分之九五曾有婚前性行為，而同年齡組的已婚女性則有百分之八一；二十五至三十四歲已婚男性是百分之九二，女性是百分之六五；三十五至四十四歲已婚男性是百分之八六，女性百分之四一；四十五至五十四歲已婚男性是百分之八九，女性百分之三六；五十五歲以上，已婚男性百分之八四，女性百分之三一 (Reiss, 1971: 179)。

雖然說，美國在節育方面的知識及藥物取用上很普遍，但是流行的婚前性行為產生二個後果，私生子數目的增加與墮胎次數的增加。一九七三年就有四十萬七千三百私生子，是每一千個十五歲至四十四歲婦女裏就有二十四個半的私生子，這和一九四〇年的七・一比，增加之快是無庸置疑的。墮胎數亦自一九六九年的二萬三千次數增加到一九七四年的八十九萬二千次數 (Reiss, 1976:196, 189)。對這兩種現象，因為篇幅限制，我們無法詳談。

（二）**婚期間的性行為**：在這裏我們是指平常所稱之「男女私通」或「通姦」問題，即已婚者與配偶以外之人發生性關係問題。有關這一方面的資料並不多，因為此類性行為很可能影響婚姻，當事人不願多談，一九七八年蓋洛普民意調查的資料指出有百分之八一的人回答與配偶以外的人發生性關係是「錯」的。但是金賽的性研究調查則指出四十歲以下的美國人當中，有一半的男人及四分之一的女人都會跟配偶以外的人有性關係。另外一個最新的資料亦指出樣本裏百分之四十的男性及百分之三六的女性都有此種性的經驗 (Wright and Weiss, 1980: 289-290)。大多數的性關係是偷偷摸摸的，但也有些是夫妻雙方都同意的，例如換妻俱樂部等。不過這種通常是發生在大都市，特別是美國西部地區的大都市較普遍流行。

五、新的家庭生活

由上面的描述，我們可以很清楚的看出美國今日家庭與婚姻制度所經歷的變遷與所面臨的問題，新的家庭生活已逐漸代替傳統的家庭。但是這些變遷是好是壞，還是很難下一肯定的結論，不過我們可以說新的美國家庭將至少具有下面幾個特徵：

（一）家庭內男女的角色問題必須重新界定：婦女在勞動人口中所佔的重要位置將使婦女在家庭內的地位提高，婦女教育程度的提高也將使家庭的權力分配較前平等，婦女運動的影響亦將使婦女以附屬品的角色而轉成爲家庭裏不可分割的主要角色。也因此，我們預測離婚率仍會繼續昇高。

（二）父母的角色將與往昔有所不同：家庭人口將減少，不必再要過多的小孩。而且父母也不再是早期兒童教養的唯一或主要人物，父母在外工作的結果將使社會福利機構、托兒所、幼稚園等營業性機構擔當大部分兒童教養的工作，父母子女的關係將不再是對立的關係，而是類似朋友的平等關係。

（三）一夫一妻制的傳統家庭方式雖然仍將是主要的家庭型式，但是某些非傳統的新的家庭方式將陸續出現：使厭棄傳統方式的人有選擇的餘地，有發掘自己喜好的機會，這些方式包括：①男女同居一屋但不受婚約的束縛；②羣婚公社式的團體生活；③單身家庭；④夫妻雙方同意不生小孩，以收養他人所生者代替；⑤同性戀者同居的家庭。

雖然有人擔心這些新的發展將使美國家庭解組，也將使美國社會破產，但是我們必須注意美國社會的一個很突出的特質：那就是美國社會具有容納各式各樣不同人種、制度、信仰、生活方式的能力。個人有個

人思想、信仰與生活方式的自由，這在其他社會是沒有的。因此雖然美國的種族糾紛不停、貧富差距大、語言文化分歧，美國社會至今仍然相當完整，家庭與婚姻制度是有問題，但是這些問題也許可以視爲某一部分人對新生活方式的嘗試，而事實上這些新嘗試正可以給傳統式家庭帶來新的成分，使家庭更能適應時代的需求。

參 考 書 目

美國勞工部一九七八年一月「就業與薪資報告」。

Metta Spencer, *Foundations of Modern Sociology*, 2nd Edition. Englewood Cliffs, N. J.: Prentice-Hall, 1976.

Lillian B. Rubin, *Worlds of Dain: Life in the Working-Class Family*, N. Y.: Basic Books, 1976.

Roger Langley & Richard C. Levy, *Wife Beating: The Silent Crisis*. E. P. Dutton Co., 1975.

R. Helfer & C. Henry Kempe, eds., *The Battered Child*. 2nd Edition. Chicago: Univerity of Chicago Press, 1974.

Ira L. Reiss, *Family Systems in America*, 2nd Edition. Hinsdale, Illinois: The Dryden Press, 1976.

Department of Health, Education and Welfare, *Monthly Vital Statisties Report*, Vol. 24, No. 4. Supplement (July 7) Washington D. C.: Government Printing Office.

Department of Health, Education and Welfare, *Remarriages: United States*, Vital and Health Statistics Washigton, D. C.: Government Printing Office, 1973.

Burton Wright & John P. Weiss, *Social Problems*. Boston, Little, Brown, 1980.

第 六 章
我國的「家庭」研究與家庭問題

賴澤涵　陳寬政

一、前　言

　　家庭是社會的基本單位，它兼負有教育、經濟、社會化等方面的功能，它是個人人格成長過程中最重要的培養地方。社會上的不良靑少年，變態行為等等若將他們的背景仔細的加以分析，往往可發現絕大部分的家庭都有相當嚴重的問題。而未來工業的發展，其影響人類生活各方面必多，家庭的結構、角色等各方面也不可避免會受到影響。因此，研究家庭除在了解我國過去家庭制度的情況外，也在對我國目前家庭情況作些檢討，以便發掘問題，提出討論。

　　由於我國自有記錄的歷史以來，一直重視家庭，結果形成了外國人所批評的「家庭主義」，影響社會的整合力。自然處之今世，要提倡恢復過去重視家庭的功能，似已不可能，況且社會不斷的在變，個人主義趨濃，卽使政府大力提倡恐也無濟於事。本文想從我國家庭變遷談起並略述我國未來家庭問題，希望在忽視研究家庭的臺灣，提出一些概念，供有志人士的參考。

二、家庭變遷

我國家庭制度變遷是當代社會學研究的重要項目之一，學者亟於了解家庭制度在社會經濟環境劇烈變化的情況下所發生的適應與失調，並預期新的家庭形式與關係之建立。有人以為，我國傳統的家庭制度是所謂的「大家庭」制 (Extended Family)，父母與兩個以上的已婚子女之家庭合居，使「老有所終，幼有所長」(白秀雄等一九七八：三二四)，也有人根據家戶統計資料，認為現代盛行夫妻及未婚子女的「小家庭」制 (Nuclear Family)，使家庭「配合工業社會的環境條件」而有較高的流動力 (謝高橋一九八○： 一三)，更有人主張我國家庭制度的演變是從大家庭趨向小家庭 (龍冠海一九七六： 二七二，白秀雄等一九七八：三二四，行政院主計處一九七八：二九)。然而，眾多的史學及社會學文獻却指出， 我國歷史上的家庭制度既非大家庭制度， 也非小家庭制度，而是以父母與已婚子女一人之家庭合居的折衷家庭 (Stem Family) 為主的組織型態 (Hsu 1943, Lang 1946, Levy 1968, Freedman et. al., 1978，芮逸夫一九六一， 許倬雲一九六七，陳寬政及賴澤涵一九七九、一九八一)。 史學家及社會學家對歐美家庭制度的研究也得到相同的結論 (Laslett 1978, Verdon 1979)， 中外學者在不同的文化及社會背景中觀察到相似的現象， 所顯示的不是文化分殊性， 而是文化同質性。許多學者在研究家庭制度時念念不忘文化差異，固然發現許多因時因地而不同的家庭組織形式與原則，却易於忽略明顯的共同特徵，乃有「見木不見林」之憾。 此地， 我們試圖以家戶人數為指數，討論大家庭、小家庭，及折衷家庭在我國的普遍性，進而檢討家戶人數變遷的原因。

　　根據瞿同祖（Chü 1972: 3-32）所引證的資料，我國自秦代商鞅變法以後即有限制家庭組織的法令，使父母與成年兒子兩人以上合居者賦稅加倍，乃致「秦俗日敗，秦人有子，家富子壯則出分，家貧子壯則出贅」（賈誼新書卷三：時變）。顯然，擴大家庭不爲政府所讚許，人民以分家爲逃避賦稅的手段。據芮逸夫（一九五六）所言，「自魏晉南北朝至清，除少數士大夫之家尚保持父子兄弟共財的傳統的大家庭制外，大多數的家不但是兄弟異居，父子也多異產」，則大家庭制並非我國社會及文化的「固有」傳統。但是，地主貴族階級的家庭組織是社會結構中較爲「重要」的部分，見諸文學、藝術，及歷史記載的家庭當以此類家庭爲多，則大家庭制之形成一種文化理想是可以想像的事。Levy（一九六八：四五）說，「雖然在事實上大家庭只是佔人口少數的士紳階級的生活方式，整個社會顯然接受了以大家庭爲理想境界的觀念，一般平民沒有採行這種生活方式，只因爲他們無法做到」。Levy（一九六八：四〇——六〇）特別強調經濟條件對家庭生活的影響，蓋大家庭之穩定與生存實賴充分的財力使家庭內每一分子的生活需求均獲得充分與公平的照顧。我國自秦漢廢井田以來，土地兼併成風，可以想見多數人民無法擁有足夠維繫一個大家庭所必需的生活資料，則人口零散，各自爲生乃爲必然的結果。

　　許倬雲（一九六七）使用歷代史籍資料，將漢代至清代之人口做一推計，並取得歷代平均家戶人數，發現歷代家戶人數除晉時爲七・一人以外，均在五人至六人之間。另外，Lang（一九四六：一六）推計我國漢唐兩代每戶人口約在五人至六人之間，元明時則不多於六人，與許氏資料頗爲接近。根據國民政府主計處（一九四四：表八）所公佈的資料，我國於清末民初自一九〇八年至一九三六年的平均家戶人數如表一：

表一　家戶人數之變遷（一九○八～一九三六）

西元年	戶　　　數	人　　　數	平均家戶人數
1908	71, 268, 651	368, 146, 520	5. 17
1911	76, 386, 074	405, 810, 967	5. 31
1928	83, 865, 901	441, 849, 148	5. 27
1933	83, 960, 443	444, 486, 537	5. 29
1936	85, 827, 345	479, 084, 651	5. 38

　　較諸歷代數字並無顯著差別，均在「五人至六人之間」。假定每一對夫妻育有子女至少兩人，則上列數字指出，我國多數人民的家庭不是「大」家庭。除了經濟因素外，Lang（一九四六：一六）認為高死亡率對大家庭理想之實現構成相當阻力。「窮人是無法實現大家庭理想的，死亡率比富人高了許多……少有成人能活到相當年齡，享受子孫繞膝的幸福。」以一九三六年的農戶人口年齡別死亡率（國民政府主計處一九四四：表七六）來推計當年全國人口出生時平均壽命，當在五十歲以下，則大家庭不能為普遍存在的家庭形式，其理甚明。

　　我們進一步收集臺灣地區自日據時代以來的家戶人數資料，以便查證大家庭制度是否一度為臺灣地區家庭生活的主要型態。根據陳正祥及段紀憲（一九五一：表四）所收錄的日據時代歷次人口普查資料及行政院主計處（一九七八：表一三）所提供的歷年戶口組成資料，歷年平均家戶人數的最高點為一九一五年的六‧三人，至一九七七年時為五‧一人。兩者雖然相差一人，其間曾有數次起伏波動，大抵因人口出生及死亡差額而變異（陳寬政及賴澤涵一九七九），並不表示自大家庭制轉變為小家庭制的趨勢。臺灣地區家戶人數似與大陸歷代數字略同，在「五

人至六人之間」而有出入，但社會經濟條件已經發生重大改變，產業轉型已在臺灣完成了一個週期。謝高橋（一九八〇：表二）比較一九六三、一九七三，及一九七六年的家戶組成資料，發現小家庭佔全部樣本家庭從百分之五十四而六十，而六十九。他以為，小家庭已經發展為家庭生活的主要形式。正如大家庭理想之實現在我國歷史上因經濟條件而受到限制般，折衷家庭在現代臺灣也受到某種「限制」而逐漸減少（謝高橋一九八〇：一三）。似乎肯定這個趨勢是因生育行為及價值觀念之變遷而形成，「多個孩子⋯⋯獨自組成家庭，再加上年老父母的獨立生活可能會抑制（折衷）家庭的擴展；相對地，這會促成更多的核心家庭」。

我們認為這種比較是錯誤使用資料的結果，茲以謝高橋引用的 Freedman et. al., (1978) 的一九七三年調查資料為例，說明家庭變遷研究應特別注意的要點。表二陳列 Freedman et, al., （一九七八：表二）的調查結果，他們實際上發現小家庭僅佔樣本戶百分之三六，而折衷家庭佔百分之二九。表二資料與謝文所使用者略有不同，因所使用的家庭關係認定標準略有不同。顯然，謝高橋是將父母雙亡或不在臺者與小家庭錯誤合計為小家庭，所以佔樣本數百分之六十左右。事實上，父母雙亡或不在臺不能當做是社會變遷的一個「趨勢」成分，至少不代表家庭價值觀念之改變，應該自樣本數中扣除才能正確計算小家庭的比重。經過如此處理後，我們發現，小家庭佔有父母家庭數百分之五十一，仍為多數。但是，這百分之五十一中，有百分之二十三是父母已經與其他已婚兄弟合居者，則真正因家庭價值而確立的小家庭只佔有父母家庭數百分之二十八，折衷家庭則佔百分之三十九。我們必須再強調，我國的傳統家庭形式既非大家庭，亦非小家庭，而是折衷家庭。在現代臺灣，折衷家庭仍然是家庭生活的主體。

表二　臺灣地區家庭生活調查（一九七三）

家　庭　分　類	實　　數	百分比（%）
父母雙亡或不在臺	1469	26.6
小　家　庭	1974	35.7
①父母與其他已婚兄弟分居	873	15.8
②父母獨居	1101	19.9
折衷家庭	1583	28.6
大　家　庭	508	9.2
總　　數	5534	100.0

三、家庭權力結構

　　談到我國家庭權力結構前，我們必須了解中國家庭關係的建立事實上與儒家思想有極大的關係。儒家思想重次序，尊敬長者，換言之，很重倫理觀念。基於此，我國過去家庭權力往往是在男性手中（父親、祖父……），他支配家庭的經濟（土地等）、教育、宗教、社交、兒女婚姻等大權，這是中國一般家庭情形。自然如果士紳階級有數代同堂的，往往是長者（祖父、曾祖父等）支配大權者較多（紅樓夢所描述的就很顯著），但是，我們有時發現這些年長的男性到了高齡時，往往把大權交給長子，自己成了位尊望重的長者。如果一家中成年男子去世，子女尚未成年，那麼就只好由母兼代父職了。不過，一般言之，男性中心乃是中國家庭一般的情形。

　　至於女人的地位和權力如何呢？過去我國女子給人的印象是非常的被動，附屬於男人，從小既被灌輸「三從四德」和「女子無才便是德」

的教條，彷彿女子沒有獨立的人格，她的工作甚或活動範圍大都是以家庭爲主，形成「主內」的人物。由於我國是「重男輕女」的男性中心社會，生了女孩子對一個家庭來說並不如同生下男孩子一樣的喜悅，這在貧困的家庭尤其是如此。因爲女子長大後出嫁的嫁粧無形中形成一個負擔，因此，我國方志及傳教士記載有不少溺嬰的事。事實上溺嬰並非我國所特有，世界上很多國家在產業革命發生前都發生過，不過，由於我國過分的重男輕女，溺嬰反而形成我國所特有的污點。

　　我國過去所流行的家庭內分工爲「男主外，女主內」，其實這只是概括性的說法。可能男人不僅主外（即在外謀職維持家庭生活及對外代表家庭參與活動），事實上男人可能也主宰了家「內」的許多重要事情，例如家庭開支、教育兒子、及祖先的祭拜等。因此，所謂的「男主外」，其實應指只是男人不參加家裏的廚房工作或打掃情況工作罷了。女人倒是道地的「主內」。男人旣握有家庭的經濟大權，社會的活動又以男性爲中心，自然使女子地位受到很大的打擊。加以社會習俗對女人有相當的偏見，例如女人到外面工作被稱爲拋頭露面，對一個士紳家庭甚或一個中等家庭是很不體面的事。此外，如果男女犯同樣的罪（例如通姦），十目所視十指所指還是女人。這許多的觀念、習俗等使女人難以突破限制而有所大發展，因此他們只好一切委曲求全了。

　　男女的內外之分，無形中使女子喪失了許多的發展機會（重要的如科舉時代的考試，或民國以來的從政或任公職等），結果女人經濟也因之無法獨立，這也是妨害女子人格發展很重要的原因之一（趙鳳喈，一九七七：一——四）。

　　不過，目前我們對女子地位只有一個基本的概念，即歷代我國婦女地位比男人低，但是，事實上又如何呢？我國歷代婦女地位眞的很低嗎？歷代法律對婦女與男人犯同樣的罪懲罰眞的是不同嗎？我們在未作

適當的研究前，恐怕還是很難作十分肯定的回答。

不論如何，過去傳統父權太大及家庭社會習俗所施之於女子的束縛，自清末以後即遭到不少無情的批評，把家庭視爲「吃人禮教」的場所，傳統的家庭自五四運動以來受到很大的攻擊，但是，盡管攻擊得很厲害，且女子自覺力也漸強，可是傳統的家庭結構並未因之而瓦解，它只是刺激着它變，因此，即使是民國三十八年時的臺灣，家庭的組織並不因內外的刺激而變爲小家庭的型態，它依然是折衷家庭 (Ping-ti Ho, 1965: 18; Leslie, 1979: 84)。

我國家庭權力結構的開始轉變應該是最近三十年的事，一則因臺灣近三十年的安定，教育的普及社會風氣逐漸展開，提高了女子的自我意識，自由、平等的觀念漸被社會大衆接受，再則臺灣的經濟發展，提供女子不少就業的機會，加上世界各地如火如荼的婦女解放運動多少帶給臺灣大衆的一些刺激，使社會大衆感到男女平等的重要，因此，我國過去加之於女子的束縛逐漸的被社會所遺棄，女子的地位也因之大爲提高。

至於過去的父權也受到很大的挑戰。過去父權主要是來自其握有經濟大權（土地或其他行業的收入），但臺灣社會已由農業社會走向工業化，土地不再是一個家庭經濟的唯一來源，況且由社會變遷經濟發展的結果，從事農業工作並不能吸引年輕人（廖正宏、林瑞碧，一九八一：五六——五七）。因此，很多年輕人棄農離鄉到其他都市工作，其收入甚至比從事農業好得多，他們向外發展的結果大都能自食其力，不必依賴父母的支援生活，相反的，他們還有能力接濟在鄉的父母，其結果使父親的大權無所發揮，過去的權勢也因之而下降了。

四、家庭問題

　　儘管我國家庭結構的大小並不因社會變遷而改變，但這並不意味着中國家庭沒有問題，事實上我國家庭也有不少問題存在，惟其嚴重性不及美國而已，然而我們却不能不予以注意，以下所談的可能是未來極為重要的問題。

　　老人問題是值得重視的問題之一，隨着工業社會的發展有些年輕人離鄉背井，一旦事業稍有基礎即在外鄉結婚生子另組家庭，而他們的父母或因不習慣於都市生活，只好守住家園，結果原有的農村社會只成了老年人守家業的地方，過去含飴弄孫的情況已不可多得。

　　另外，一些都市的中上子弟嚮往西方家庭生活，一旦成婚另組家庭，或出國另圖發展，結果使年邁父母乏人照顧。雖然政府及民間大力興建仁愛之家，但這些老人之家，據研究也只能供養少數的老人，因此，消極的收容也不能不予以關切 (Chang, Chen and Hsiao, 1981: 10-11)。

　　最重要且必須注意的倒是絕大部分的父母與兒女住在一起，但由於父母的權力隨時代進步而衰落，壽命却逐漸在延長，未來二十年退休人員又將愈來愈多，兒女均因從事工作，每日勞累奔波，無法陪伴他們，或者大陸撤退時隻身來臺而無子女者，晚景不無寂寞之感。如果要自立門戶生活，問題又是重重，故老人問題所帶來的身心問題是頗值得我們的研究 (Chang, Chen and Hsiao, 1981: 5-11)。

　　此外，這一代由於正處於轉型時期，兒子成婚後與父母住在一起的，還是相當的多。但由於年齡、知識等等的差別極大，婆媳之間的問題也不少，有的婆媳之間的衝突只是未表面化，這是由於「家醜不外

揚」的原故，因此，這個問題的嚴重性就須花費時間作研究了。

　　造成婆媳之間衝突的原因自然很多，但比較重要的不外是婆婆往往以她過去教養子女或生活方式，要求媳婦照本宣科或認為這一代的媳婦生活太奢侈因而百般挑剔。自然心理的不平衡也不能說沒有，而重要的可能還是為人公婆一代的權威喪失，子女已不必再仰靠他們的支援維持生計。

　　婆媳之衝突，媳婦為了避免白熱化，只好採取「以靜制動」方式或者遷出另謀發展。婆媳的衝突往往也難為了兒子，他真不知如何自處，是維護太太還是站在母親那邊？如何調和婆媳之間的相處以維持折衷家庭生活恐怕要費心思量的。

　　此外，由於目前工業進步，供給就業的機會多，有不少婦女出外工作一則增加家庭收入，再則可打發時間，不必局限於家庭周圍。她們走出廚房工作，以致夫婦均在外謀生，結果幼小兒女的照顧成了問題，雖然折衷家庭可有父母照顧，但是由於他們年紀大或者身體情況不佳，無法整天照顧，只好把幼小的兒女送往幼稚園、托兒所。但我國教育對學前教育的管理尚未走向立法的階段，因此，學前教育的設備、師資等良莠不齊。父母與子女見面只限於晚飯後的數小時及上班前一小時甚或數十分鐘，這種聚少離多的情形，對未來子女人格的發展不無影響。學前教育不僅成了父母關心，也是社會大眾未來最關切的問題了。

　　以上是舉舉大端的問題，目前我國因進入工業化階段，歐美社會所產生的問題如同性戀、婚期通姦、同居、毆妻、婚前性行為、私生子、墮胎等等我國多少都有只是程度不同，不如美國那麼嚴重。惟這些問題截至目前為止尚沒有比較可靠的統計資料。至於美國的換妻俱樂部、公社羣婚等似乎難在我國這種文化條件下存在。此外，美國那種高離婚率在我國並不因時代進步而有增長趨勢，換言之，我國的離婚率還是很

低。

　　至於婚前性行為所造成未婚生子的比例則有增加的趨勢，例如，根據衞生署統計資料，民國六十八年一年之中，臺閩地區有三萬三千四百個嬰兒的母親未滿十九歲，據凌泉岡、張曉春等的推測大約有四分之三是未婚所生的（中國時報民國七十年三月四日），可知婚前性行為雖不如美國的氾濫，但其所生的未婚子女已頗值得我們的注意。

五、結　論

　　我國一直是很重視家庭的國家，而家庭對一個人一生的影響又是如此的大，今天，我們當然不能效法古代帝王提倡節義，表彰孝子貞女就算了事。社會不斷的在進步，父權逐漸的在降低，兒女的獨立性却愈來愈強，如何使家庭適應現代生活而又能解決現代社會所引起的問題——父母權威降低，婆媳之間的衝突，壽命的延長，退休人員的增加，生育率的逐漸降低，夫婦出外工作的需要，幼兒照顧，學前教育等問題，是我們討論未來家庭問題時必須了解的。

　　至於如何避免使折衷家庭流於小家庭的弊病，不是三言兩語可說清楚，我們應從研究問題着手，例如老年問題我們可從療養院的設立轉移到由家庭來擔負，但由政府支持兒女扶養責任。例如政府可優先貸款給扶養父母的人建立房屋，適度的減除扶養的稅額或社會福利補助低收入照顧年老者等等，這些做法相信會使我國原有的折衷家庭發揮功能——即老有所終，壯有所用，幼有所長，矜、寡、孤、獨、廢疾者皆有所養，如此旣能適應我國固有國情又能適應未來社會並解決家庭因社會變遷所產生的種種問題。

參 考 書 目

趙鳳喈 一九七七年，中國婦女在法律上之地位（臺北：食貨出版社有限公司）。

芮逸夫 一九六一年，「Changing Structure of the Chinese Family」（臺北：國立臺灣大學考古人類學刊第十七、十八期合刊）(November)，頁一～五。

────一九五六年，「中國家庭制度的演變」（臺北：中央日報，十一月六日）。

許倬雲 一九六七年，「漢代家庭的大小」（慶祝李濟先生七十歲論文集下冊，臺北：清華學報社），頁七八九～八〇六。

陳正祥、段紀憲 一九五一年，臺灣之人口（臺灣研究叢刊第九種，臺北：臺灣銀行金融研究室）。

國民政府主計處統計局 一九四四年，中國人口問題之統計分析（上海：正中書局）。

白秀雄等 一九七八年，現代社會學（臺北：巨流圖書公司）。

龍冠海 一九七六年，社會學（臺北：三民書局）。

行政院主計處 一九七八年，中華民國統計提要，一九七七年。

謝高橋 一九八〇年，家戶組成、結構與生育（臺北：政大民社系人口調查研究室）。

陳寬政、賴澤涵 一九七九年，「我國家庭制度的變遷」（臺北：中央研究院三民主義研究所）。

賴澤涵、陳寬政 一九八〇年，「我國家庭形式的歷史與人口探討（中國社會學刊第五期，十一月），頁二五～四〇。

廖正宏、林瑞碧 一九八〇年，「影響農家勞動利用因素之分析」（中國社

會學刊第五期，十一月），頁四一～六二。

Chang, Ly-yun, Kuanjeng Chen and H. H. Michael Hsiao. 1981 *"Aging in Taiwan: Demography and Welfare,"* A Paper Presented at the Sino-American Conference on Social Welfare Development for 1980s, December 28, 1980-January 3, 1981, Taipei Taiwan, Republic of China.

Chu, Tung-tsu. 1972 *"Han Social Structure".*

Seattle: University of Washington.

Freedman, Ronald et. al., 1978 *"Household Composition and Extended Kinship in Taiwan,"* Population Studies 32 (March), 65-80.

Hsu, Francis L. K. 1943 *"The Myth of Chinese Family Size,"* American Journal of Sociology 28 (March), 556-562.

Lang, Olga 1946 *"Chinese Family and Society,"* New Haven: Yale University Press.

Leslie, Gerald R. 1979 *"The Family in Social Contaxt."* New York: Oxford University.

Levy, Marion J. 1968 *"The Family Revolution in Modern China."* New York: Atherneum.

Verdon, Michel 1979 *"The Stem Family: Toward a General Theory,"* Journal of Interdisciplinary History 10 (Summer), 87-105.

四、老人問題

第七章 美國的老年問題

蔡 文 輝

一、前 言

　　最近幾年來，老年人的生活問題已逐漸成爲一個很受美國社會重視的主要問題。不僅聯邦政府對有關涉及老年問題的各項輔助款項大爲增加，而且許多大學亦相繼開設有關老年學 (Gerontology) 的課程與研究中心。當共和黨籍的雷根獲提名競選總統時，他的年齡就曾是爭論的重點之一，有不少的政治評論家都預測雷根的高齡將是他當選的最大障礙之一。事實恰恰相反，雷根以壓倒的優勢當選爲美國第四十屆總統，入主白宮。在美國這個處處以年輕人爲主幹的社會裏，這是一個很突出的個案。

　　在這一篇介紹性的短文裏，我們將不提出任何理論性的解說。我們的重點將是把美國老年人目前的生活情況及所遭遇的現實問題提出來給大家做參考。

二、老年人口現況

美國老年人口數目一直在增加，而且其在總人口中所佔的百分比亦一直在增加。從表一，我們可以很清楚的看出這種增加的明顯趨勢。老年人口從一九〇〇年的三百多萬增加到一九八〇年的二千四百萬；其佔總人口之百分比在同一時期內亦由四‧一％增至一〇‧六％。

表一 美國老年人口增加趨勢（一九〇〇～二〇〇〇年）

年　　　度	老 年 人 口 數	佔總人口 (%)
1900	3,099,000	4.1
1910	3,986,000	4.3
1920	4,929,000	4.7
1930	6,705,000	5.4
1940	9,031,000	6.8
1950	12,397,000	8.2
1960	16,679,000	9.2
1970	20,177,000	9.9
1980※	24,051,000	10.6
1990※	27,768,000	11.0
2000※	28,842,000	10.6

※估計數字

（資料來源: Schwartz & Peterson, 1979, p. 37. Table 2.5）

當然這種增加的現象並不是只有美國有，其他的開發國家亦有類似的情況。死亡率的降低的主要原因之一，人口餘命歲數的延長也是一個

可以用來旁證的因素。從表二，我們可以看出來，一九○○年時，美國男的生命餘命歲數爲四六‧三，女的也只不過是四八‧三，而一九七六年時男的已增至六九‧一歲，女的則更增至七七‧○歲。生命餘命歲數是指一個初生嬰兒從該年算起可以預計活到多少歲。以表二的數字爲例，一個生於一九○○年的美國男嬰估計可活到四十六歲多，但是一個生於一九七六年的美國男嬰則可預計活到六十九歲多，相差了將近二十三年的生命，這不能不說是進步。❶

表二　人口生命餘命歲數（一九○○～一九七六年）

年　　　度	男	女
1900	46.3	48.3
1910	48.4	51.8
1920	53.6	54.6
1930	58.1	61.6
1940	60.8	65.2
1950	65.6	71.1
1960	66.6	73.1
1970	67.1	74.8
1976	69.1	77.0

（資料來源: Decker, 1980. Table 2.4, p. 35)

---

❶　所謂老年人口通常係指六十五歲以上之人口。這主要是因爲以往的法定退休年齡係六十五歲，雖然以一九七七年以後已延長至七十歲，但普通政府統計及學術界仍用六十五歲爲分界線。

三、老年的經濟問題

　　老年人口的增加給社會帶來了某種程度上的負擔。老年人的經濟生活問題也變成了最迫切需要解決的問題之一。就業和收入更是這問題的核心。

　　從就業的角度來看，表三很清楚的指出就業率之逐年減低。一九六〇年時，每三個六十五歲以上的男性老年人口裏就有一個是有工作做的，一九八〇年時則減爲每五個只有一個。類似的減低趨勢亦可見諸女性老年人口。如果把老年勞動人口跟總勞動人口來比，其情況也差不多。換言之，老年人就業機會越來越少。

表三　老年勞動人口分配狀況（一九六〇～一九八〇年）

		1960	1965	1970	1975	1980
(A)	男	32.2%	26.9	25.8	20.8	19.4
	女	10.5%	9.5	9.5	7.8	7.7
(B)	男	33.1%	27.9	26.8	21.7	20.1
	女	10.8%	10.0	9.7	8.3	8.0

(A) 老年勞動人口在總勞動人口之百分比
(B) 老年勞動人口在總老年人口之百分比
※一九八〇爲估計數字
（資料來源: Statistical Abstract of the United States, 1976. p. 355)

　　就業機會減少自然就直接影響到老年人的收入。根據美國人口普查局一九七六年的資料，美國家庭收入的「中位數」是一萬五千元（這指美國有一半的家庭有一萬五千元以上的收入，另有一半的家庭的收入低

於一萬五千元)。該年老年家庭的收入是八千元。換句話說，老年家庭的收入才只有全國家庭收入之一半。

雖然如此，我們並不能說老年人的生活就窮得不能過日子了。老年人雖然收入少，但是他們的支出也較少。根據一九七六年的資料，美國政府估計一個單身的老年人需要二千八百九十五元才能勉強過日子，一個由二個人組成的老年家庭則只需要三千六百三十七元。按這數字來估計，則該年大約有十五％的老年人低於這數目，跟全國的十二％來比較，並沒有特別的窮。雖然如此，我們必須提到窮苦的老年人中以單身老年婦女及黑人佔多數 (Hendricks & Hendricks, 1977)。

老年人口的收入低的一個主要原因是其來源有限。表四是一九七二年老年人口收入來源分配情形。薪資和財產收入佔收入的半數以上，同時亦有三分之一左右的人靠退休金生活。我們要提醒大家的是很多老年人的收入是薪資與退休金兩者皆有的。一個政府的報告指出有百分之九十以上的老年人收益自政府之各項輔助款 (Hess & Markson, 1980)。

表四　老年人口收入來源分配（一九七二年）

收　入　來　源	%
退　休　金	37
收　入	39
財　產　收　入	16
救　濟　金	2
其　他	7
	101

(資料來源: Williamson et. al., 1980, 表 8-1, p. 178)

四、退休制度

在傳統的農業社會裏沒有所謂退休的問題，但是在今日的工業社會裏，因為大多數的勞動人口都是受雇用的人口。退休就成為一個需要解決的問題。

理論上來講，退休可以分為兩種：強迫性的退休 (mandatory retirement) 與自願性的退休 (voluntary retirement)。前者係指工作契約合同裏所硬性規定的退休年齡；後者則指未至強迫性退休年齡的自願性的退休。

按照美國社會安全法和其他大多數的養老輔助法案規定，六十五歲是合格年齡。因此，大多數的雇主都以六十五歲為強迫退休年齡。不過最近這個制度遭受不少的攻擊，其主要理由是人口生命餘命的延長及醫藥保健的進步，已使六十五歲以上的人口能繼續保持其工作能力及效率。強迫退休是浪費人力資源。另外一個理由是雇主利用強迫退休來解聘年資深薪資高的人員，以雇用年輕薪資低的新進人員。一九七七年時，國會終於將六十五歲的強迫退休年齡延長到七十歲。雖然如此，有些人仍然反對強迫退休制度，認為它忽視了個人間能力上的差別。如果達到退休年齡的老年人有能力而且願意繼續做下去，就不應該強迫他退休。

資料指出在一九六〇年至一九七六年間，許多工人都在未到六十五歲的強迫性退休年齡前提早退休。這種是自願性的退休。一個一九七四年的調查發現在六十歲至六十四歲之間的工人有三分之一已自願退休。這些自願退休的工人當中有絕大部分指出他們提早退休的理由是本身經濟充裕。有些人提早退休則是因為健康因素。但是最近一、二年來，因

爲美國經濟蕭條及通貨膨脹的原因，許多工人都不敢提早退休，怕錢不
夠用。一個一九七九年的調查指出，不僅愈來愈多的工人不願意提早退
休，而且即使到了六十五歲時亦不願意退休靠社會安全金來生活（Hess
& Markson, 1980: 194）。

　　當然，經濟因素只是決定退休與否的一個原因而已。其他必須考慮
的因素相當多：身體健康、心理適應問題、社會環境等都必須加以考慮
的。艾契禮（Robert C. Atchley）把退休視爲一個過程。這過程包括七
個階段：

　　1. 遠期（Remote phase）——每一個人在他的事業過程裏，很少
爲退休擔心。在這最初的期間裏，每一個人總只顧眼前，只往好的想。

　　2. 近期（Near phase）——當人們開始加入公司機關或工廠的退
休準備計劃和活動時，這是近期的開始。人們開始做退休後的心理、經
濟、社會活動等的準備。

　　3. 蜜月期（Honeymoon phase）——這是指剛退休的一段短時期。
這一時期，退休者有一種解脫的快感，不必每天上班，不必做事，不必
面對上司的嘴臉。有空去做那些以往一直想要做却沒時間做的事，如旅
行、閱讀、寫作等。

　　4. 沮喪期（Disenchantment phase）—— 但是對很多退休的人來
講，蜜月期常常是很短暫的。終生做事，按時上班、下班，現在突然什
麼事都沒得做。早上六點鐘起床，以往趕着上班，現在只有望着鐘發
呆。生活方式改變了，開始有一種無用的感覺。沮喪佔滿全日的時期。

5. 重組期 (Reorientation phase)——過了一段時期，退休者只好設法振作起來，設法重組生活圈，安排今後的日子。儘量忘掉以往的日子。

6. 穩定期 (Stability phase)——這段期間裏，退休者已經安定下來，認清退休日子的特性，安安穩穩的過日子。

7. 結束期 (Termination phase)——這時期自退休者因疾病或其他原因而無法照顧自己或無法參加團體活動時開始至他的去世止。這期間，他已不再是退休者，而是與社會完全隔離的一個孤獨老人。外界與他沒有直接的接觸，疾病使他退出活躍的社會，死亡使他完全脫離，終了一切 (Atchley, 1977)。

並不一定每一個退休者都經過這七階段的每一個階段，有些人可能沒有經歷沮喪期，快快樂樂的享受退休後的悠閒日子；但有些人可能永遠陷在沮喪期爬不出來一直至死為止。研究指出退休前的各種準備工作對退休後日子影響很具決定性。

五、老年社會圈

社會學文獻裏對老年人退休後的社會活動通常有兩種不同的解釋理論，一種是認定老年人自動地脫離社會的主要活動，孤立自己。這種理論通常稱為社會脫節論或脫離論 (social disengagement theory)。另一種理論則持反調，認定老年人自己有自己的生活圈，雖然乍看起來似乎是與社會脫節，但事實不然，他們仍然是相當活躍的並未孤立自己。只是他們的活動方式跟一般年輕人和中年人不同而已。這理論通常稱為活動論 (social activity theory)。

（一）老年家庭生活

這兩個理論到底誰對誰錯，一直沒有澈底解決過。在這一節我們不想討論理論，只想將美國老年人的社會圈做一個很簡單的描述供大家參考。

根據美國最新的人口統計資料，絕大多數的男性老年人是結婚的，但是大多數的女性老年人則是寡居。表五是一九七六年的資料，列此供大家參考。此種現象的產生主要的原因有三：㈠女性的生命餘命歲數比男性長，活得較久；㈡丈夫年齡通常比妻子大；㈢男性的再婚率比女性高。

表五　老年婚姻狀況（一九七六年）

		年　齡　65~74	年　齡　75+
男	結　婚　者	83.9	70.0
	寡　居　者	8.8	23.3
女	結　婚　者	49.0	23.4
	寡　居　者	41.9	69.4

（資料來源: Hess and Markson, 1980 Table 9-2, p. 246）

老年夫婦的關係比較溫和，雙方忍讓的程度增加，而且夫婦「老伴」的特質更加顯明。夫婦間的性關係似乎也沒有受到太大的影響。

雖然老年人已不再居住於子孫輩之房屋裏，他們與子孫輩的互動關係仍然相當親密。彼此來往探訪是最平常的互動方式，電話書信來往亦很普遍。金錢上的互助、勞力上的供給，以及教育誘導等的來往都繼續存在。謝安娜斯（Ethel Shanas）稱此種互動為「保持距離的親密」

(intimacy at a distance)，　而且是自願式非強迫性的互動。表六可以看出來老年人給了他們子孫們何種「幫手」(Shanas, 1973：505-511)：

表六　老年人如何幫忙他們之子女或兒孫輩

項　　　　　　　目	白　(%)	黑　(%)
禮　物　贈　與	91	75
照　顧　疾　病	68	73
照　顧　孫　兒	54	49
金　錢　上　的　援　助	45	41
提供有關人生問題之忠告	37	62
幫　　　採　　　買	34	33
照　顧　整　修　房　屋	26	31
提供養育兒女之忠告	20	52
提供整理家務之忠告	19	41
提　供　事　業　上　之　忠　告	18	32
接孫兒、甥、姪子女同住	15	26

(資料來源：Harris & Associates, 1975 p. 77)

(二) 休閒娛樂

　　大體上來講，美國老年人多多少少參與某種娛樂性的休閒活動。這些活動包括與朋友交談、與親戚來往、做事賺錢、閱讀、看電視、逛百貨公司、看球賽等。下表可用來比較六十五歲以上老年人與六十五歲以下成年人對休閒時間的利用。請特別注意最下一欄兩者差距之比較。

表七　老年人與十八～六十四歲人「花很多時間」上的各種活動之比較

	18～64 (%)	65＋ (%)	差　距
與 朋 友 來 往	55	47	— 8
照 顧 家 中 老 小	53	27	— 26
全 日 做 事 或 兼 差	51	10	— 41
閱　　　讀	38	36	— 2
靜 坐 與 思 考	37	31	— 6
庭 園 佈 置	34	39	＋ 5
娛 樂 活 動, 嗜 好	34	26	— 8
看 電 視	23	36	＋ 13
散　　　步	22	25	＋ 3
運　　　動	22	3	— 19
睡　　　眠	15	16	＋ 1
社 區 團 體 活 動	13	17	＋ 4
什 麼 事 都 不 做	9	15	＋ 6
社 會 服 務 性 工 作	8	8	—
政 治 參 與	5	6	＋ 1

（資料來源: Louis Harris and Associates, *The Myth and Reality of Aging in America*, Washington, D. C.: National Council on the Aging, 1975. p. 57）

　　不過有些研究則指出老年人的休閒活動似乎偏限於非體能上的室內活動比較多。這一方面是因為美國社會結構具有提供室內活動的能力設施，如大眾傳播工具等；另一方面則是老年人交通出入不便，無法常出戶外活動之故。在這些戶外的活動中以教會主辦的活動的參加率最高，其他如鄰里社區活動亦常有老年人參加 (Butler & Lewis, 1977)。

（三）老年人的恐懼：罪犯

美國老年人本身犯罪的比率相當的低。即使有，也都不是暴力型的犯罪。根據美國司法部的報告，一九七五年的犯罪人中，只有一‧二％是六十五歲以上的老年人所犯。暴力型犯罪則只有〇‧七％是老年人犯 (Decker, 1980: 235)。

老年人所懼怕的是將他們當對象的那些罪犯。研究調查指出這種恐懼比懼怕疾病、貧窮、孤獨還來得厲害 (Williamson, 1980: 232)。雖然美國聯邦調查局的統計資料再三的顯示，老年受害者的比率與全國其他年齡之受害者比率相比較，並沒有顯得前者特別高。

針對這個問題，紐約市的警察局還特別成立一個處理搶奪老年者的小組。該組警探亦常探訪老年團體解釋傳授防護之道。達拉斯的警察局也有類似的措施。有些地方甚至於用小型巴士專車載送老年人上街購物買菜，芝加哥就有這種服務。

六、結　論

美國老年人口增加是一必然的趨勢。因此，最近輿論與學術界皆大聲呼籲不可再忽視這一部分的社會成員。美國老年問題的中心論題今後將是如何提供他們足夠的經濟保障，尤其在通貨膨脹的時代裏，就業機會減少，社會安全退休金又不足以維持最低的生活，老年經濟問題首先必須有妥善安排。

不過學者們似乎都一致同意要改善老年的社會生活，就必須要給老年人或即屆退休年齡者一種再教育，這種教育使老年人心理上、**經濟**上、社會生活圈都有新的認識及足夠的準備。只有這樣才不致於有沮喪

厭世的態度。再配合社會及政府的種種撫老政策安排，則老年問題將不
會演變成不可收拾的場面。

參 考 書 目

Hendricks, John and C. Davis Hendricks, 1977. *Aging in Mass Society*. Cambridge, Mass.: Winthrog. Chapter 8.

Schulz, James H., 1976. *The Economics of Aging*. Belmant, Calif: Wadsworth.

Hess, Beth B. & E. W. Markson, 1980. *Aging and Old Aging*. New York: Macmillan.

Hess & Markson. 1980.

Atchley, Robert C., 1977. *The Social Forces in Later Life*, 2nd. ed. Belment, Calif: Wadsworth.

Shanas, Ethel, 1973. *Family Network and Aging: A Cross Cultural Perspective*, J. of Marriage & The Family, 35.

Butler, Robert N. & Myran I. Lewis, 1977. *Aging and Mental Health*. Saint Louis.: The C. V. Mosby.

Schwartz, Arhur N. & James A. Peterson, 1979. *Introduction to Gerontology*. N. Y.: Holt, Rinehart and Winston.

Decker, Cavid L., 1980. *Social Gerontology*. Boston: Little, Brown.

Williamson, John B. ed. al., 1980. *Aging and Society*. New York: Holt, Rinehart and Winston.

第八章　臺灣的老人問題和老人福利：現況和對策

蕭　新　煌　　陳　寬　政　　張　苙　雲

一、前言：老年問題是社會問題

　　古埃及神話傳說一個人面獅身的怪獸 Sphinx，坐在路口間過往商旅是否知道何種動物「早晨時有四條腿，中午時有兩條腿，黃昏時有三條腿」，凡是不知道正確答案的人都要被吃掉。有個聰明的王子知道正確的答案是「人」，終於使人面獅身不再爲害行人。這一則神話的啓示是人之成長與衰老：新生的嬰兒生理機能尚未成熟，不能學習使用兩條腿走路；年老的長者生理機能開始衰退，必需使用拐杖來協助天生的兩條腿。早晨、中午及黃昏顯然是以時間暗示年齡，無論是以日或以年計算歲數，人都必需經歷成長與衰老的過程。由於人的生命有晨昏的「時刻」，需要依賴別人的照顧才能生存，這兩段時間也是最容易發生問題的期間。每個社會都有若干照顧老幼的家庭倫理或社區規範，但因時代及地區而有程度及性質的差別。

　　基本上我們是將老年問題當做一個「社會問題」來處理，有關老年人的「個人」心身調適與均衡等問題不爲本文討論的重點。老年人在渡

過從事經濟生產的歲月而邁入退休年齡以後，除生理機能衰退會影響日常活動的速度與品質外，可能還會產生被遺棄的感覺，需要一段時間來調整與適應。雖然自殺率與疾病率都會因高齡而顯著增加，一般老年人對退休的反應多是積極而適當的 (Riley et. al., 1972: 72, 183-4)。老年問題之形成一個社會問題，在於老年退休人口對年輕而有生產力人口的比例之高低，及老年人口之健康維護與安養問題。衆多的老年人口對社會資源會產生壓力，造成「生之者寡食之者衆」的問題，而且需要許多人力直接投入老年人的醫療及生活照顧。換言之，相對於生產力人口，老年人口一旦衆多就會形成生產及消費雙方面的問題。

　　但是，我們不主張老年人口可以用公共政策加以影響。任何社會分析都需將老年人口當做既有的 (Given) 數值，探討其來源及出路，進而檢討合理使用資源來照顧老年人口的途徑，達成「幼有所長，壯有所用，老有所養」的社會目標。不同於嬰幼人口，今天的老年人口出生於六十餘年前，對社會的成長與發展已經提供了應有的貢獻，絕不能用現

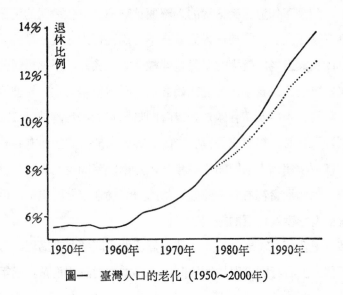

圖一　臺灣人口的老化 (1950～2000年)

在公共政策去使它增減， 那不但是不道德而且還是不負責任 。 我們認
為， 老年問題之為一個社會問題，可以用「人口老化」的概念及指標來
描述與測量。人口老化指的是人口平均年齡的上升，或老年人口相對於
總人口量之增加。由於總人口中包括嬰幼人口，而臺灣地區在光復前後
才經歷過一段高出生率低死亡率的人口轉型期，嬰幼人口眾多使老年人
口佔總人口比例偏低，也使人口平均年齡上升遲緩。也就是說，由於嬰
幼人口食指浩繁，掩蓋了老年人口逐漸形成沉重負擔的問題。所以，本
文使用六十五歲以上退休人口對二十至六十四歲之「生產力」人口的比
例，做為人口老化的指標。

二、 臺灣人口老化的趨勢和推測

　　圖一表示臺灣人口急速趨向老化的事實，我們預測在公元二千年之
前，老年人口對生產力人口之比值將達百分之十三、四之間。圖一資料
取材一九六九及一九七八年「臺灣人口統計」所載歷年（一九五〇——
一九七八）年齡別年中人口數，一九七九年至一九九八年則係使用生命
表(Life Table)推計取得，詳見我們於去年底在八十年代中美社會福利
發展會議上所發表的一篇研究報告(Chang, Chen and Hsiao, 1981)。
圖一虛線代表我們對一九七九年以後人口老化比值之低估，係假定生命
表年齡別死亡機率固定於一九七八年水準時，將一九七八年零歲至十九
歲人口在表上「順餘」(survive)而陸續加入比例式的分母，四十五歲
至六十四歲人口則依相同程序陸續加入分子。圖一實線一九七九年以後
一段表示人口老化比值之高低，係假定年齡別死亡率循日據時代以來的
「趨勢」繼續降低，取得一九七九年以後各年生命表，再依前述順餘程
序計算比值。

（一）未雨綢繆： 老人對二○○○年臺灣經濟的衝擊

未來二十年內，除非發生重大災變，人口老化比值將保持在圖一實線與虛線之間。此一「趨勢」指出，人口老化是以時間的指數函數增加的，速率愈來愈快。如果考慮光復後出生率長期下跌的事實，每年出生人口數將在最近開始持續減少的可能性，而光復初期在高出生率下出生的大量人口將於三十年後開始退休，則可以預期公元二○○○年後人口老化比值將有一不尋常的跳躍上升，對當時的生活水準當有顯著影響，無論男女老幼均會遭受到人口老化的巨大壓力。我們所做的人口預測，只是根據已經發生的事實，依現有趨勢做短期的推估，如果經濟成長在二○○○年以後開始緩慢下來，二十一世紀的臺灣經濟生活是會有些麻煩的。「未雨綢繆」係我國傳統故智，及早規劃近乎確定的未來，應屬明智之舉。當今經濟計劃的規模及時效似乎均嫌簡短，對人口組成變化之趨勢分析似未曾觸及，可以多事加強。人口既是經濟活動的主體，也是客體，其年齡及社會經濟組成變化的效果可能大於純粹人口數量的變化。更何況人口成長與經濟發展的關係本來就是正負方向都有，無論理論或經驗研究均頗難以確定，可能需從人口年齡組成之分析才能窺其堂奧。

（二）父權中落和代溝

除了影響生產與消費外，人口老化也關係着家庭倫理之維繫。由於經濟發展，我國傳統的父權也隨着產業轉型而日漸衰落。傳統的父權有很重要的一部分奠基於耕地與農舍的所有權及其移轉，既然耕地與農舍已經不再是生活與生產的主要工具， 父權的經濟基礎乃大受剝奪 。 另一方面， 由於人口老化可歸因於人口平均壽命之延長 (Chang, Chen

and Hsiao, 1980)，愈多愈老的老年人需要子女家庭的照顧，給取之間
不能平衡，逐漸不利於折衷家庭 (stem family) 裏的老人，兩代間的衝
突乃有轉向尖銳的可能。尤其是新一代的女性教育及勞動參與率較諸上
一代有顯著增加，使得婆媳間愈難互相溝通與容忍。我國傳統對女性要
求的禮教經過五四運動的洗禮後，如今已在廚房裏遭受嚴重的挑戰。爲
了增進老年人的福利，減少未來的社會問題，我們認爲政府及民間均應
及時尋求重建老人尊嚴與地位的方法，使不淪入「糟老頭」的境地。首
先就得徹底了解老人的現況，他們居住和照顧的方式，才可能藉以採取
較中國式的途徑，而不是一味用西方式的老人獨居或機構收養，來解決
老年問題。

三、臺灣的老人居住環境安排：現況和問題

在檢討現行政策前，有必要將目前我國老人在居住上的安排，做一
個詳細的探討。換言之，在制定適合國情的老人福利政策時，必須先了
解臺灣的老年人到底住在那裏，國人如何奉養上了年紀的長輩，如此，
才能根據現況，以增進老年人的福利。根據我們所收集的資料顯示，目
前臺灣老年人在居住上的安排，或者說國人對於老年人的奉養方式，表
現出一種與西方社會迥然不同的中國特性。我們要特別強調這種特質對
於政策制定有它的重要性。

民國六十八年「臺灣人口統計」顯示，截止民國六十八年年中爲
止，臺閩地區六十五歲以上的老人有將近七十二萬四千人，佔臺閩地區
總人口的百分之四‧二。在這七十二萬多的老人中，有多少人是與配偶
及直系血親住在一起？有多少只與配偶住？有多少在配偶死後單獨居住
？又有多少是住在養老院裏？目前並沒有一個全國性的普查，我們很難

估計出正確的百分比。但根據一些小規模的經驗性研究，及目前我們正在進行的一項研究，可以提出一個不太離譜的推斷。

（一）百分之六在養老機構

　　根據我們現有的資料，臺灣地區共有四十一個養老機構，其中有十一個屬於公立的仁愛之家敬老所，十八個私立仁愛之家的敬老所，和十二個榮民之家。這四十一個養老機構並不包括私立營利性的養老院和未立案的安養堂或寺廟救濟機構。各公私立仁愛之家現住有五、七三二位老人。榮民之家共住有三七、二八〇位榮民。換言之，計有四三、〇一二位「老人」住在全省各公私立仁愛之家及榮民之家，但這四萬多位院民，事實上亦包括少數六十五歲以下孤苦無依或殘障者。如果用住在養老機構的四萬多人做為分子，全臺灣六十五歲以上的七十二萬多人做為分母，可推估出約百分之六的老人目前是住在養老機構裏。跟其他國家比較起來，這個比率似乎偏高。但是，在討論臺灣地區的人口老化及老人福利時，絕不可忽略了一個重要的事實：那就是三十多年前大陸淪陷，政府遷臺的影響。三十多年前來到臺灣的外省人當中有很多是妻離子散，孑然一身的避難來臺。再加上一批為數不少的軍人。他們年老之後，各榮民之家及公私立仁愛之家就成為他們主要的安老去處。這種現象從各榮民之家及仁愛之家院民的省籍資料中顯示得十分清楚。榮民之家有百分之九十八以上的院民是大陸省籍，各公私立仁愛之家也至少有一半以上，甚至，其中幾所仁愛之家高達百分之九十的院民是來自大陸各省。根據白秀雄教授於六十七年發表的統計分析，各機構中大陸來臺的院民佔全部院民的百分之九十三‧八。有這麼高比例的大陸省籍的院民，自然就影響到臺灣住在機構裏老年人口的比率。如果除去這些外省籍的院民，本省籍的老人住在機構裏的比率就非常小了。

至於本省籍的院民，則大部分都是孤苦無依、無人奉養的老人。這種現象的造成，固然是因為，至少在公立仁愛之家，申請收容條件之一即為無有奉養之責的直系親屬，或有奉養之責的直系親屬無力奉養者。但這還多多少少的反映出我國在推行老人福利時的意識型態。一方面，老人福利仍脫離不了消極救濟的觀念。另一方面，仍然堅持家屬負有奉養老人的主要責任。因此，在老人無家屬能負擔奉養的責任時，才消極的將那些老人收容在機構裏，至少吃和住不會發生太大的問題。除了生理和安全這些基本需要外，養老機構著實不太容易滿足不同背景老人的不同需要，養老機構在本質上仍是以救濟為主的收容機構。

（二）還是跟子女住最普遍：中國模式？

除了這百分之六的老人住在養老機構裏外，對於其餘百分之九十四的老年人，截至目前為止，並沒有一個完整且有計劃的普查。但近幾年的一些小規模的經驗研究都一致的指出，**不住在養老機構的這些老年人，與子女居住在一起的佔絕大多數**，比例約在百分之七十三到八十八之間。其次為僅是夫妻二人同住的，比例約在百分之八到二十七之間。單獨一人居住的老年人是非常少的。民國六十七年 Freedman 等人發表的研究結果甚至指出除了那些單身、無子女，或配偶死亡的老年人，有家的老年人不是夫妻同住，就是和子女住在一起。有家的老年人沒有一人是住在各公私立養老機構的。當然，在討論上述這些研究發現時，因為樣本的緣故，無法對所有老年人的居住安排做精確的估計，然而至少可以看出我國老年人在居住安排上的重要特徵是跟子女同住者最為普遍。比起西歐各國，例如丹麥的百分之二十，美國的百分之二十八，及英國的百分之四十二（大多是老夫老妻單獨住在一起），我國的百分之七十三到八十八之間的比例，顯示出我國老年人與子女的同居率非常的

高。

　　以現況而言，我國老年人居住上的安排可以說是與子女居住一起的佔絕大多數，其次爲夫妻二人同住，絕少部分的老年人是單獨一人居住的。若再考慮大陸移民的因素，後兩者的比例將會更低。這種現象的造成可以從兩個角度來討論，一個爲文化上的因素；另一爲各養老機構的服務水準與內容。

　　我國老年人與子女的同居率高於西方各國，正表現出中國人特有的對老年人的奉養方式。與父母同住，以便於奉養，以使父母享受三代同堂，含飴弄孫的天倫之樂，仍是大部分中國人孝順父母的主要表達方式。尤其是在父母中之一人去世後，更是責無旁貸。這是我們與西方社會文化上的差異。卽使在今日，工商進步，經濟發達的非農業社會裏，與父母同住的奉養方式和它背後的價值觀念，並沒有因而受到太大的影響。由此可見，從老年人的角度來看，包括父母、子女同住的折衷家庭（主幹家庭），仍是老年人在居住上一種最主要的安排。我國目前的社會在實現「老有所終」的理想上，家庭仍然扮演着一個主要且積極的角色。家庭的功能實不容忽視。

　　住在養老機構的老年人的比例很低，固然與我國傳統對養老機構的態度有關：只有無家可歸，無以自保的人才會「淪落」到必須住進收容性的養老機構裏，接受他人的救濟。這種多少帶有恥辱或負面的傳統態度，使得一般人不輕易的將養老機構視爲一個頤養天年的好地方。但是養老機構本身的服務水準、內容，及方式，也是一般人不願意接受養老機構的原因之一。如果養老機構能提供老年人一種尊嚴又安適的生活方式，對於那些不願意與子女住在一起，但又無力照顧自己的老年人，養老機構或許可以成爲一種值得選擇的方式。目前我國已有些養老機構朝着這個方向走，例如有自費安養的設置等，這是一個可喜的現象。固然

家庭生活仍然是大部分老年人生活內容的重心，以及主要的「社會支持體系」(Social Support System) 的來源。養老機構在提高服務水準的前提下，未嘗不是另一個主要的「社會支持體系」或是新的老年生活方式。但如果養老機構仍維持目前的服務水準，收容對象仍然是以那些別無選擇，又孤苦無依的榮民為主，無法吸引其他老年人，不難想像，再過二十或三十年後，這種養老機構恐怕就會失去存在的理由。

在增進老年人的福利時，要考慮的重點倒不單純是居住及生活的環境。重要的是老年人自己有選擇的自由。同時有各種不同的安排，供老年人選擇。使老年人無論是跟子女或配偶居住、單獨居住、或是住到養老機構裏，都能透過社會福利政策，使老年人各方面的需要，得到合理的滿足。

四、現行老人福利政策的檢討和展望

前面兩節分別討論了臺灣人口老化的趨勢，以及老人生活環境安排上的一些潛在社會性問題，諸如社會資源的投資及社會負擔的後果和主幹家庭的困擾等。面對這些社會變遷引起的種種現象和問題，自然會促使社會制度，尤其是政府，做若干必要的調整。

(一) 老人福利的人道涵義

廣義說來，老人福利政策的「福利」是指老人生存（活）需要的滿足程度而言，政府就是為力求透過社會政策的力量，運用社會現有資源的再分配，給予老人各項需要（從最基本的生理、安全到較高層次的歸屬、愛，再到最高層次的自我實現各種需要）的合理滿足。從人道觀點來說，社會既然幫助更多的人活得更老（由於醫療水準的提高、死亡率

降低），就有責任讓他們在「多活」的那些歲月裏，有值得活下去的價值。這也就是說，老人福利政策不應該只是消極的讓老人多活幾年，而是更應該積極的讓老人能活得有意義。以下的檢討文字，就是從這個出發點來的。

在還沒有頒布「老人福利法」（民國六十九年一月十一日，由立法院三讀通過，同月二十六日公布施行）之前，臺灣的老人福利「政策」，只有憲法第二章第十五條：「人民之生存權、工作權及財產權，應予保障。」以及第十三章第一五五條：「國家為謀社會福利，應實施社會保險制度。人民之老弱殘廢無力生活，及受非常災害者，國家應予以適當之扶助與救濟。」做為意理上的標的，或是衍為「老人基本人權」的理念（李鴻禧，一九八○）雖也有民國三十二年的「社會救濟法」，但除此之外，並沒有實際上的政策措施和具體行動去實踐特定的老人福利。直到民國六十五年十二月二十八日內政部訂頒「當前社會福利服務與社會救助業務改進方案」，提出三大重點之後，次年由臺灣省政府社會處才「試辦」實際的老人福利措施。那時的福利措施非常狹窄，只包括半價優待老人搭車乘船、觀賞影戲、或是遊覽觀光區；以及局部地區的免費健康檢查。惟地區（只限省轄市及臺北、南投兩縣）有限制，連檢查的項目也有限。這上面的福利措施，說嚴格一點，除了醫療服務多少還能滿足老人的基本需要（生理）之外，其餘都只不過是點綴式、可有可無並不會對老人的「生活需要」滿足有必然的相關和顯著的影響。再說，當時政府也並無力全面推展，沒專業人員，也沒列直接預算。這樣的「老人福利措施」，跟前述所定義的福利政策，真有天壤之別。當然，也不可能有什麼特別的功效可言。

（二）欠缺積極性的老人福利政策

缺乏老人福利政策，就無法建立老人福利服務的體系，前者為母、後者為子。老人福利政策無法確定原因，可能得歸因於整個社會福利政治結構上的癥結，也就是說決策系統缺乏強有力的社會福利的支持團體以及政府財經部門的遲疑和反對❶乃致始終無法將早就有的福利意識形態，落實到政策層次，另外可能就是對臺灣社會高年化的變遷現象，一直沒有清晰的認識，對它可能在未來十年二十年產生的社會及經濟的衝擊，也沒有多大的把握去預測。在這種沒有實證社會資料的情況下，自然就更難預期有什麼明確的社會政策出現。

事實上，在這段期間當中，已有不少學者甚而主管各級社政（中央、省、市）的單位，也深深感到確立老人福利政策的迫切需要❷，但

---

❶ 值得特別一提，有下面幾項參考資料：
　㊀ 中華民國社區發展研究訓練中心，一九七八年，我國老年福利之研究與設計。
　㊁ 內政部社會司，一九七九年，老人福利措施與立法之研究。
　㊂ 臺灣省社會處，一九七九年，臺灣地區老人福利問題調查及對策研究報告。
　㊃ 老人福利座談會專家意見特輯，一九七七年，社會建設季刊三二期，頁三～二二。

❷ 在社會福利決策系統中有兩種力量可能最具決定性，一是專家學者，一是政府部門中的權力精英份子；目前這兩種力量都不利於社會福利的有力推動。下有國內經濟學家們的理論性反對（參閱中國時報六十九年一月三日社論：「經濟學者對社會福利政策的獻言」），上有中央權力中心的實踐性阻力（參閱李國鼎：「臺灣地區經濟建設之回顧與前瞻」、時報雜誌七〇期，民國七十年四月五日～四月十一日）。李政務委員對推展社會福利有相當強的質疑，他說：「總統在前（六十八）年十二月四中全會中，會昭示國人『要在十年之後，進入開發國家行列，來達到國家更富強，社會更進步，人民更幸福的境界。』但鑒於若干開發國家過份重視社會福利政策，而形成國家龐大的負擔，其結果一方面必須重稅，以支應社會福利支出，而使投資者裹足不前，經濟成長降低，另方面不工作亦能獲得相當的所得（領失業保險金），而導致工作意願的低落。」

礙於前述幾個原因，始終不能實現。

　　民國六十七年六月由內政部社會司草擬「老人福利法草案」（分三章、三十一條）由行政院送立法院；經過一年半才三讀通過，並再由內政部於六十九年四月二十九日發布「老人福利法施行細則」。於兹，臺灣的老人福利才算有了一個賴以依循的「政策」。

（三）老人福利法的矛盾：福利對成長

　　對於這個「老人福利法」，各方的反應很多，尤以關心及從事社會福利工作及研究的學者專家們特別敏感。一般說來，感到失望與遺憾的居多數，大多認為這又是一次「福利」對「成長」，「社政」對「財經」妥協後的結果，顯然經濟成長和財經考慮又佔了上風。「老人福利法」裏對「老人」「福利」的認識顯然又落入保守、局部、消極和救濟的窠臼。兹分為兩部分來說（林萬億，一九八〇；白秀雄，一九八〇）：

　　1. 老人的定義竟然定為滿七十歲以上，與退休年齡的六十五歲相差五年，中間的差距無法交代，即以目前的人口年齡組成來說，就有將近二十九萬個年齡在六十五歲與七十歲之間的「尷尬準老人」無法得到老人福利法的照顧。光憑「財政負擔過鉅」做為理由似乎不能言之成理，很難說服人。因為即使訂為六十五歲，財政上可能增加的開支，也絕對不會拖垮「政府」，也絕對不會降低經濟成長。人民活生生福利難道就真的值不上經濟的成長嗎？如果成長的最終目標不是滿足人民需要的「福利」，那又有什麼價值呢？財經單位以狹隘的「機會成本」觀念來計算政府在社會福利上的投資在「老人福利」上的堅持，表現無遺。似乎太缺乏一點「人道」與「人性意義」的精神。

　　2. 福利的概念運作為太偏窄，廣義的「福利」涵義顯然在本法中被忽視了。所規定的「老人福利服務」，大多是消極、救急的做法，如貧

苦老人喪葬的處理、交通、娛樂設施的半價，老人志願服務等，這些顯然無法涵蓋老人「福利」服務的全面。其他積極的福利內容，如老年保險、年金制度、稅捐減免、社區照顧等，都不在本法考慮當中。令學者及主管機構特別感到遺憾的是，在這兩年多中間，他們個別或集體努力所做的建議，竟然很多沒被採納，這只要比較本法與過去兩年多有關老人福利的研究和建議，就看得相當清楚。

（四）政策與現況有差距

以上多少是從意識形態的角度去批評老人福利法，在經驗層次上，更值得檢討的還是本法對臺灣老人現況的一些誤解。

第一：根據本文前節的分析，臺灣的主幹家庭事實上仍然扮演着提供老人福利（廣義）的重要角色；收容在老人機構的畢竟是少數的少數。

第二：本法過份強調地只把老人視爲社會的「個體」，而疏忽老人之爲主幹家庭的不可分成員；結果是，側重的老人福利服務也僅是老人個體的考慮，而非他在家庭中角色的考慮。

第三：過分強調機構性狹義福利的提供，而忘却了大可透過政策誘因，提供資源強化主幹家庭的功能，以增進絕大多數本已住在家庭中的老人他們的廣義福利水平。

（五）四個家庭功能，四套可推動的福利措施

一般說來，跟老人「福利」特別有關而需要加強的家庭功能有四個，分別是養與療、經濟、居住、和文化（社會關係）等。茲分別舉出幾個可能採行的福利措施辦法，以供參考：

1. 在養與療方面：由社區或地方政府，提供給有老人的主幹家庭

協助，或是家庭醫療的服務，或是一般公共護理的協助，以減輕主幹家庭在這方面精神及時間上的負擔。

2. 在經濟方面：對有扶養老人的主幹家庭，予以特別的「扶養親屬寬免稅額」，一方面減輕其財力負擔，一方面或許可以間接鼓勵子女奉養年老的父母；對貧苦而奉養老人的家庭，應可提供救助金額。

3. 在居住方面：對有老人的家庭，應提供購屋或翻修、拓建的貸款；時下的國宅計劃更可設法將一部分納入老人福利系統，讓有老人急需國宅的家庭，能優先申請，類似像老人社區或許亦可構想其可行性。此外，除了上述讓有老人共居的家庭先得到「住者有其屋」的理想外，更可鼓勵另一種「住在同一社區，但不住在同一幢」的居住安排，這可免彼此干擾。

4. 在文化及社會關係方面：運用社區的力量及資源，儘量提供給老人社區的志願服務工作，讓他們發揮若干有意義的功能、餘力和才華。這也可減輕老人在折衷家庭中彼此間的壓力。

總之，上面這些措施，都是所謂政策上的誘因，儘量調整措施、法規，讓奉養老人的折衷家庭，能得到支持、鼓勵，甚而獎勵；進而，加強他們的功能，以提供較佳老人福利服務的水平，我們相信，上面這些措施必然可以間接宏揚本法開宗明義的第一條：「敬老美德」。再說誘導折衷家庭功能的強化，無異就可以照顧了臺灣大多數的老人和他們的福利。

參 考 書 目

詹火生　一九七九年「臺北市老人社會調適與需求之實地研究」，社區發展季刊，八號，pp. 92-103，民國六十八年十月出版。

周建卿　一九七七年「貧困老人問題的剖析與對策」，社會安全季刊，三卷三期，pp. 54-78，民國六十六年十一月出版。

陳秉璋、詹火生　一九七八年「社區發展與老人福利」，社區發展季刊，三號，pp. 79-84，民國六十七年一月。

陳拱北（著）、王國裕（譯）　一九七九年「臺灣的老人問題及對策之商榷」，社會建設 36/37 卷，pp. 97-101，六月出版。

白秀雄　「我國老人福利措施之評估研究」，政大民族社會學報，十六期，pp. 307-331，民國六十七年五月。

白秀雄　「談如何有效推動老人福利法」，中國論壇，10 卷 5 期，pp. 11-13，民國六十九年。

林萬億　「評析老人福利法」，中國論壇，10 卷 5 期，pp. 14-16，民國六十九年。

Chang, Ly-yun, Kuanjeng Chen and Hsin-Huang Michael Hsiao

1981, *"Aging in Taiwan: Demography and Welfare,"* A Paper Presented at the Sino-American Conference on Social Welfare Development for 1980s, December 28, 1980-January 3, 1981, Taipei Taiwan, Republic of China.

Riley, Matilda White. Marilyn Johnson and Anne Foner

1972, *Aging and Society.* Vol. 3. New York: Russell Sage Foundation.

五、都市問題

第九章　美國的都市問題

蔡　勇　美

　　美國都市問題之存在是一般人皆同意的現象。不過，若再進一步探究都市諸問題中，何者是最嚴重、最基本者，其答案則隨人而異了。作者教授都市問題課程時，曾邀請過市長及都市計劃部門之人員到課堂上講演，市長認爲都市最嚴重及最基本之問題爲錢財，該市長認爲市政府若有足夠之稅收，一切問題則可迎刃而解。市政府計劃部門之主任則認爲自來水爲都市最嚴重與最基本之問題。詢問及課堂上的學生時，一般的答案是高犯罪率，貧窮及種族問題。作者於教授都市社會學時亦曾提出一問題，詢問學生是否願居住於大都市或中等都市；一般的答案是否定的，因爲一提及都市，一般人的想像是過份擁擠之人潮車輛，毫無人情味的都市人，空氣污染，刺耳噪雜的音響。都市如動物園，並非是人所適宜居住之場所。從這一系列的反應中不難看出，一般人對都市問題之看法不但是片面，而其注重點則反映出其在社會中之地位與所扮演之角色。從這些例子中我們亦可了解，都市問題涉及之廣泛及差異是很自然的實體及社會現象，這也使討論都市問題倍覺困難。

　　一般說來，我們可將都市問題分成二種相關連之部分，一爲都市中

的人之問題，一為都市本身之問題。前者指人與人之間的問題，如犯罪問題，人際間疏離感之問題，貧窮及種族問題，精神健康問題，其他與人相關連之社會問題，如娼妓、吸毒、酒精中毒等諸問題。後者係指都市本身之問題，如都市的財政問題、交通火警、醫藥衛生保健、住屋污染，及其他公共服務設備的問題，自來水及其他能源之供給等諸問題。此種分別乃是為方便計，其實二者是相關連而不可分開的。不過此種分別亦代表目前美國社會的二種不同個人對都市問題之看法，亦間接地道出為何解決美國都市問題有其基本之困難。前者大抵包括一些社會科學家所關注的問題，後者大抵為一些市政府執政及立法人員所關注之問題。在未討論分析這些問題的本質前，讓我們先討論造成這些問題之基本因素。

一、 都市問題之起因

一談起都市問題，一般社會學家認為有二種基本因素，一為都市人口過多，一為都市擁有不良之人口品質。前者可謂代表美國社會學界之思潮主流，後者則為較新近之論說。前者以都市決定論及所謂副文化理論為代表，後者則以人口組成學派之理論為代表。（見蔡勇美及郭文雄，民六十七年）都市決定論者認為人口一多，其密度必大，而人口的性質亦將異常地混雜。這些人口因素造成社會高度分工現象，高度分工的結果則容易引起社會解組及人際間疏離感之現象。社會解組與人際間之疏離感之結果，乃造成了微弱之社會控制力，因此變態及反社會行為，如青少年犯罪、娼妓、吸毒、酒精中毒等問題乃產生。與都市決定論相類似的理論，即所謂副文化理論，認為都市問題之造成，並非是社會解組所造成的，相反地，該學派認為是副文化過度的強聚力所致。試以青少

年犯罪問題為例來說明此種理論之解說。在人口衆多之都市社區中，各種不同性質人口存在的機會，總要比小鄉鎮來得多，如喜愛古典音樂者，無事可做之青少年，各種不同生活方式的人羣等等。經過一段時間後，這些人乃逐漸由相識到組成羣體，如古典音樂俱樂部，青少年幫派等之組成。一個社會成員，不論其行為模式與人際間之關係若何，其行為、思想與生活方式總是需要社會其他成員之贊同支持的，要不然其個人之存在則會由孤立而造成個人人格之解體而消失的。換句話說，青少年犯罪滋事，要不是有其同幫人員之支持贊同，則很難繼續其行動的。因此從青少年之羣體中看，其社會羣體，亦即副文化羣體，不但有強烈之團聚力，其文化體系亦是相當地肯定的。因此，其社會毫無解組的現象。而所謂副文化之說法，乃是因為此種羣體，即青少年幫派之行為模式，羣體之信仰與文化，與一般社會主流羣體不同之結果。

從上面簡單的描述中不難看出，都市問題之形成，乃是不可避免之現象，因為，依定義，都市乃是擁有衆多之人口的地區。而衆多之人口，依都市決定論之說法，造成社會解組，依副文化論，造成許多偏異之副文化羣體，而這些副文化羣體，乃是都市中之人際關係之主要問題。由此種解說實不難看出，依簡單之推演，解決都市問題在於分散人口，即避免人口過度集中。美國的大量人口分散之郊區化之現象（即Suburbanization），可以說與此種解說有很大之關係。從另一方面看，此種人口大量之分散的郊區化現象，則是美國都市問題造成之主因之一。對這一點，我們在後面再做解說。

與都市決定論及副文化理論相反而並存的理論，乃是人口組合論。此種理論之中心點為都市問題之形成，乃是都市人口組合，亦即人口品質，而非人口衆多之原因。換句話說，人口衆多本身並非是很重要之問題因素，都市之所以有問題，乃是因為居住於都市中的人大抵皆有問題

之故。甘斯 (Gans) 氏認為美國都市居民主要有五大類，一為所謂「四海為家者」，二為「單身者」，三為「種族鄉民」，四為「被剝奪者」，五為「墮入陷阱者與社會階級下降者」。（詳見蔡勇美與郭文雄合編）從這五種居民性質中，不難看出為何都市社區（尤其是大都市）會有種種社會問題。第一、二種都市居民，一般說來，較缺少經濟上的問題，但是他們却有孤獨，自我中心與自殺之傾向，因為其社會整合性較低之故。第三種鄉民，雖無缺具社會整合性之問題，但是此種「種族領域」之形成，却容易造成「種族偏見與歧視」等類似的種族問題。最後二種都市居民，則是都市社會問題之根源所在，如貧窮問題，犯罪問題及反社會或反常偏異行為。

甘斯氏更進一步辯論謂，為何都市問題，在鄉間、郊區社區中比較少見，其原因乃是郊區之居民大體上說來有一共同特點，即是所謂的「家庭中心主義」。換句話說，美國一般郊區居民大體上都是中層收入階級，對子女之教育教養非常注重者，而且一般說來以白種人為主。有此種強烈的「家庭中心」之中層階級白種人，當然較不容易產生上述的都市問題。根據此種論說，郊區之所以比都市（尤其是大都市中心）少見流行之都市問題，並非是因人口數量，或人口密度之關係，主要乃是因為居住郊區居民們本身注重家庭教育教養所致。（讀者千萬不要誤會，以為美國郊區毫無社會問題之存在，事實上，美國郊區青少年問題在最近幾年來也變成相當嚴重與頭痛之問題，尤其是吸毒問題。一些反都市者認為這是郊區都市化的結果，即 Urbanization of Suburbs。一些人也就搬移到更偏僻人口分散之社區，如小鄉鎮或新社區，因此一種新的社區，稱之為「過都市社區」(Exurban)，乃因之而產生）。

上述三種不同論說，其論點與問題產生之根源看法雖異，三種合起來却說明了美國都市之基本問題。此種問題不但包括了人之問題，亦包

括了都市本身之問題。現就這一綜合點來說明。

二、美國都市問題之本質與嚴重性

　　除了上述的人的問題以外，美國都市本身亦有嚴重之問題，（本文因篇幅之限制，無法一一提述這些問題，因此僅就一些較嚴重者，加以申述）如財政問題、犯罪問題、貧窮問題、交通問題、環境問題、種族問題、住宅問題、失業問題、教育問題，等等。財政問題，主要是一般市政府之稅收入不夠供應公共設施與服務所需要的支出，另一原因則是市政府之機構因所涉之務過多，在行政與處理上缺具效力效率所致。稅收入低，主要是因為都市居民之收入低之原故（即上節的人口組合論之說），而且一般大公司因種種關係，並不支付市政府之稅收。此種財政困難問題，實與其他的問題，如失業、貧窮、種族、犯罪，有很大之相關連。這些都與美國郊區化有很大之關係。由於美國人反都市之傳統，相信都市決定論與都市副文化論之說，中上階層之家庭乃大量往郊區遷移，此種遷移之結果，乃造成都市、郊區之「黑白分離」與「人職失調」之現象。因此，今日美國都市居民主要的以低收入，半下流，無定職之非白人為主，而郊區則剛剛相反。

　　在此種情況下，實不難看出都市化的財源與貧窮問題之存在。另外一方面，因交通之困難，工商業運作方式之改變，一般半下流之都市居民之職業與工作機會，亦往郊區遷移，因此失業流浪者也就特別多。這些人不但是犯罪危險分子，他們亦是都市福利財政開支之一。紐約市前一陣子曾因此故而幾乎破產，另一方面此種人職失調乃是郊區居民之職業大抵集中於都市中，因此每天一大早，大量之郊區居民乃湧往都市，而大部分人因開自用車，乃造成嚴重之交通與環境問題，交通阻塞、噪

音、烏黑之煙氣、污染之景象、以車爲主以人爲副之街道與建築構想，乃使都市變成一種極不引人之所謂「鋼筋叢林」(Concret Jungle)。

這些貧窮、無定職、半下流之非白人居民，當然與中上階層之郊區白人，很明顯的會造成種族間之不良關係。另一方面，在此種情況下，讀者實不難看出，爲何在都市中，犯罪與教育乃是另外二種大問題。無定職無社會團聚力與支持者，其犯罪之可能性亦相對地提高，尤其是搶劫、偸盜、吸毒等等，則更甚。而在此種社區，街鄰的環境下，年輕的一代，實在很難對學校教育，有很正常之反應。這也是爲何美國都市教育問題相當嚴重之一。

美國都市問題到底有多嚴重呢？一些較悲觀者認爲，美國都市是毫無救藥的，美國都市之消失滅亡，乃是遲早之問題，而美國社會整體之問題，則是嚴重的都市問題所肇致。因爲都市對整個社會來說，如人體之心臟，沒有健壯之心，一個人之健康乃是不可能的。

另一方面有些人雖仍承認都市問題之嚴重性，但却抱着較樂觀之看法，有些則更進一步提出解決都市問題之方法、策略、與計劃來。這也是下面一節所要討論之題目。

三、解決美國都市問題之想法與實驗

從上面簡單的討論與描述，我們可看出，解決美國都市問題之第一要策，在於吸引中上階層之人口回移都市，同時分散部分都市居民往郊區中，因此人職失調之現象乃可因之而消除，交通問題、財源問題、交通環境及教育問題亦可相對地降低。此種基本要策，在於改善都市社區之社會與實體環境，由都市規劃，社會計劃來達成此結果。

那麼到底如何改善都市之實體與社會環境呢？有些人認爲「巨型建

築設計」(Megastructure), 如底特律之「復興中心」(Renaissance Center),紐約州奧伯尼之 Rockfellow Center 就是例子。此種巨型建築設計,不但包括商業活動之建築物而已,而且亦包括住宅區在內。此種想法以建築規劃爲主。到底此種所謂都市中心復活工作之成就如何呢? 到目前仍難做肯定之答覆。

與此種巨型建築相近之想法,仍是以復活都市中心爲主之想法,乃是如何重建都市中心住宅區,尤其是以半下流社會之種族住宅區爲美國聯邦政府在近幾十年來,花了不下千萬億美元,做此類之工作,如都市更新,社區發展重建,經濟機會平等貸款等等即是此類之工作。有些人認爲此種工作之成效不大,因爲它們並未能吸引中上階層之居民回移都市中。

捷女士(Jacobs, 美國名都市評論家, 現居加拿大, 原爲加國人),則認爲美國大都市之興衰之關鍵在於如何應用都市街道,使其變成爲以人爲中心,車輛爲副之社區,建造寬大之人行道,短距之鄰間,設立各種不同的人類活動區,如商店、餐館、戲院,等等,並且以愈具雜異性愈好,而且這些活動要以全天二十四小時爲主,因此,每一分鐘總是擁有大量人潮、活動。這是都市興盛之主因。

有些人,以經濟學家爲主,則認爲灌注經濟活動於那些貧苦之種族住宅區中,以便興復其經濟能力與活動,爲解決問題之主要策略。這種看法認爲經濟困難爲主要問題。灌注經濟能力與活動,主要包括如何改善這些住民之外銷能力與活動,這些包括提高教育程度,改進其職業之能力,提倡可外銷之活動與事業,如唐人街之餐館即是例子之一。此種想法雖有其優點,成功之可能性恐怕不大。

作者本人認爲最具可能成功之想法與策略, 則要以波氏 (Porter, 1976),及旦氏 (Downs, 1974) 二人合併之結果。波氏很正確地提出謂,

美國由鄉村移往到都市之人潮，不但已緩慢而且幾乎達到停滯之階段，而由都市遷移到郊區之移民潮却仍興盛中，此種移入移出之結果，不但減少了都市之人口，尤其是由窮鄉移來之半下流而無定職者，而且在住宅之要求上亦相對地減低，又因中上階層繼續移往郊區，因此房屋住宅之空缺仍可由較下階層者佔有，其結果不但使住宅之質素提高，都市亦會因而有剩餘出之土地，做有計劃之改善。除此之外，黑白間之問題，亦會因黑人之經濟力的改善而逐漸失去其重要性，波氏認爲這些因素是美國都市重建復興之大好時機。

且氏認爲開放郊區，讓都市中之半下流階級者移入，則是解決都市問題之主要關鍵所在。因爲唯有分散部分之都市居民，都市才有空餘之地皮來重建，以便吸引中上階層之郊區住民回到城中。這一點，波、且兩氏論點相近，而且亦符合人口組合論之說。除外，往郊區遷移之半下流住民，因郊區工廠製造業接近，乃可就近就職而取得固定之收入與安定之生活。這不但提高了他們之自尊心，亦減少他們之問題，並在此同時減除一些都市問題及一般社會問題。除了取得職業之好處外，這些原都市住民之子弟，在教育上也會因學校及社會環境之改善，而得到較大之利益。此種策略，主要在求取城鄉人口組合在數量質素上之調合平衡，如此可避免城鄉貧富黑白之二元極端化的現象，此種二元分化可以說是兩敗皆傷。雖然且氏的此種策略，主要在注重城鄉人口與經濟之整合，而非要求城鄉黑白之社會整合，一般之郊區住民，對城中半下流，非白人住民之移入，恐怕仍會以各種不同方法加以阻止，因而使此種方法失去其效用。

參 考 書 目

蔡勇美與郭文雄編　「現代都市社會發展之研究」，臺北市，互流圖書公司印行，民國六十七年。

Downs Anthony, *Opening Up the Suburbs, An Urban Strategy for America*, New Heaven: Yale University Press, 1974.

Jacobs, Jane, *The Death and Life of Great American Cities*, New York: Vintage Book, 1961.

Porter, Paul, *The Recovery of American Cities*, N. Y.: Sun River Press, 1976.

第十章 臺灣的都市化與都市問題

陳 寬 政

一、前 言

過去三十餘年來，隨着產業結構之轉型，臺灣地區的都市化有明顯的發展。在討論都市化相關現象及問題時，明確的概念定義是必須的，以免將許多與都市無關的社會現象誤為都市現象與問題。二十年前，Richard Dewey (1960) 分條列舉許多都市社會學名著所謂的「都市現象」(Urbanism)，發現幾乎包括現代社會生活的各種現象，其中多數不是專屬都市才有的。Dewey 所大力批評的見解在今日臺灣的都市社會學教科書中仍然到處可見，例如蔡勇美與郭文雄主編的「都市社會發展之研究」一書（巨流，一九七八），郭文雄對都市社會生活一般型態的敍述，仍然根據 Louis Wirth (1938) 的觀點，主張都市生活的重要特性有①負荷過重、②社會參與及③變態與越規行為等。筆者認為，這三項特性固然可以用來描述都市生活型態，也可以用來描述受到都市生活及制度所影響的地區。遠至山地村落，居民聞「機」起舞，所表現的是一個整體社會變遷自中心點向外擴散的效果。如 Dewey 所言，城鄉

的程度差別是有的，但這些差別的生活方式並非一成不變而截然分爲城鄉的。重要的是產生社會變遷的過程，其原因及效果。而不是此一過程在某一時點上的橫斷面敍述。

Amos Hawley（1971：316-25）認爲都市化是一種累積性與連續性的社會變遷，則過度依賴橫斷面的靜態分析就無法掌握縱斷面的組織變化，以致得到錯誤的結論。在「都市社會發展之研究」一書中，黃光國所討論的都市生活適應與個人現代化就指出所謂「都市生活」定義的困難。這篇文章似乎暗示，適應都市生活就是個人行爲的現代化，因都市生活情境而產生。這種主張立刻引發有關都市生活內涵與外範的問題：究竟「都市生活」指的是專屬都市內的生活安排與行爲方式呢？或是能自都市向週邊地區傳播與擴散的生活安排與行爲方式？如果對都市生活的適應可以視爲個人的現代化，上述問題的正確答案應屬後者。但是，許多生活安排與行爲方式雖然係自都市向週邊地區傳散，却不是典型都市的，例如農業機械之引入及水果栽培之遺傳控制等。對農村地區的個人來說，他不需遷入都市，也不需承受所謂的「超重負荷」，就能適應農機、摩托車、洗衣機、電視機與電鍋之使用，及與之相伴而來的行爲方式之改變。換句話說，無論係就總體或個體觀點而言，都市化不等於現代化。另一方面，我們知道個人之出入城鄉間是享有充分自由的，一個人可能先適應了都市生活再適應鄉村生活，例如在臺北市長大的醫學院畢業生決定定居吳鳳鄉當個鄉村醫生，不知應該說是「現代化」或「超現代化」？

二、都市化的定義

都市化旣不是行爲方式的改變，也不是心理歷程，而是一個總體性

的社會變遷過程。四十年前，Hope Tisdale (1942) 認爲只有把都市化與其它社會變遷分別明確定義，才能研究都市化的原因與結果。否則，籠籠統統將都市化、產業轉型、人口變遷、及教育發展等合稱「現代化」，則不但含義不清，甚至互相矛盾，連有關都市本身的研究品質都要大受影響，以致誤以社會現象爲都市現象。加州大學都市社會學家 Kingsley Davis (1969) 認爲，都市化就是人口向都市集中的過程，他主張以都市人口佔總人口的比例爲測量都市化的指標。然而，什麼是都市呢？以行政區域或以日常生活運作的範圍來確定呢？城鄉的分界線應該設在何處呢？例如，臺北市的行政轄區顯然小於其日常運作的區域，三重、中和、永和、新店、新莊及板橋等地絕不比南港或北投更少一點「臺北的」社會經濟成分。市區、郊區及鄉區的區別旣非簡單易行之事，則 Davis 所說的都市人口就很難確定了。爲了確實了解都市的範圍及都市化程度，美國人口普查局自一九五〇年人口普查開始即有「都市化區域」(Urbanized Area) 之設定，係由一個（或數個）五萬人口以上的中心城市（根據美國地方法律而設立的城市法人），及其週圍有建築物連續覆蓋的地面所組成。一九五〇年時，「都市化區域」之設定以地理調查與空中照相爲準，一九五〇年以後改以普查區 (Enumeration Districts) 的人口密度爲依據。

雖然 Davis 的都市化定義有這些困難，而臺灣地區也迄無類似「都市化區域」之設定，不妨暫時以我國地方自治有關法令來尋求可用的都市化指標。「臺灣省各縣市實施地方自治綱要」最初規定，「凡（鄉鎮）人口集中在五萬人以上，工商發達，財政充裕，交通便利，公共設施完備之地區，得經縣議會通過後，由縣政府呈報省政府核定，設縣轄市」。但因臺灣地區於光復後歷經一個人口轉型週期，人口曾有大幅增漲，使上項人數規定不能符合「實際狀況」，乃經歷次修訂，目前則定爲十萬

人口以上。縣轄市以上則有省轄市及院轄市之設置，其設置標準與依據
因地方自治迄無立法，顯得頗為混亂，但人口數的條件要比縣轄市為高
是毫無疑問的。圖一以臺灣地區三百十七個鄉鎮市為計算單位，分別用
五萬人及十萬人為「都市」人口之下限，累計符合這兩個層次標準的鄉鎮
市人口，計算其歷年佔總人口百分比，資料取自歷年「臺灣人口統計」。
臺北市於一九六八年所合併的週圍六個鄉鎮均於資料處理時，自始視為
臺北市的一部分。所以，圖一所表示的數字中，臺北市自一九五五年卽
含有十六個行政區的人口。顯然，臺灣地區的都市人口相對於總人口有
較高的成長率，使圖一兩條「都市化」曲線都呈現向上爬升的「趨勢」，
以五萬人為準的「趨勢」較為穩定，固定依略小於五十五度的仰角向上
發展。以十萬人為準的「趨勢」則較為變異，呈先緩和而後加速的現
象。

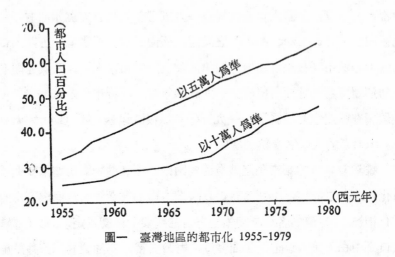

圖一　臺灣地區的都市化 1955-1979

由於「都市」人口之定義牽涉到法制及社會經濟狀況（如臺灣地區
的法定「都市」自光復以來就曾有兩次改變，最近正在醞釀第三次修
訂），使上述都市化指標只能適用於短期研究，不能為國際性比較及長

表一　臺灣地區的人口分布狀況（一九七九年）

人　口　量　組	① 面　積 (%)	② 人　口 (%)	③ 面積累計 (%)	④ 人口累計 (%)
0～2,500	0.54	0.01	0.54	0.01
2,500～5,000	9.56	0.27	10.10	0.27
5,000～10,000	20.97	1.12	31.07	1.40
10,000～25,000	33.60	9.04	64.66	10.43
25,000～50,000	20.93	24.87	85.59	35.30
50,000～100,000	9.68	17.86	95.27	53.16
100,000～750,000	1.95	13.54	97.22	66.70
250,000～500,000	0.65	7.41	97.87	74.10
500,000～1,000,000	0.94	6.62	98.81	80.72
1,000,000+	1.19	19.28	100.00	100.00

$CR = 0.7082$

期趨勢分析之用。著名的社會學家 O. D. Duncan 於一九五七年提出使用人口分布吉尼係數 (Gini Coefficient) 做爲都市化指標的主張，在觀念上比較符合 Hope Tisdale「都市化卽人口集中趨勢」的見解。經濟學家使用吉尼係數來測量所得分配，檢討所得份與人口的關係，人口學家則使用來測度人口分布，討論人口與土地面積的關係。例如，我們可將臺灣地區三百十七個鄉鎮市依一九七九年人口量成十組，依序排列如表一，顯示人口不均勻分布的特性。尤其是表一下端幾組，很小比例的土地面積上容納相當大比例的人口，明確指出人口集中的狀況，人口分布吉尼係數以表一第三及第四欄數字爲 X 及 Y，組別爲 i ($i = 1, 2, 3,$ ……, 10)，依下列公式計算出人口集中比。

$$CR = \sum_i x_i y_{i-1} - \sum x_{i-1} y_i$$

當 $CR=1$ 時，全部人口集中在一組；當 $CR=0$ 時，人口及土地都均勻
分布。茲據表一資料計算得 $CR=0.7082$ 時，表示臺灣地區的人口有中
等偏高程度的集中狀況。當然，我們也可以將土地面積分成近似十等
分，則集中比的解釋會更為明確。使用人口集中比來測量都市化程度比
較能令人滿意，因為此一數值相對於 Davis 的都市化指標，較不依賴因
時因地而不同的「城市」設置標準，使用於長時間系列分析或較大規模
的國際比較當會比 Davis 指標更可靠點。但是，由於國際間統計資料大
多依據行政目標而刊佈，很少有詳細的人口及土地分佈資料可據以計算
人口集中比，則人口集中比只是理想的指標而已。雖然人口集中比是都
市化程度的較佳測量，而且臺灣地區的三百十七個鄉鎮市行政區劃迄無
不可追溯的重大改變，應可提供精確的都市化「趨勢」之描述。筆者寧
取 Davis 指標來描述都市化，因為 ① 人口集中比的計算式稍微複雜一
點，及 ② Davis 指標是直覺性的測量，較易於「了解」。

三、產業轉型與都市化

本文所討論的都市化及其相關問題專指產業革命以後的都市化，產
業革命以前無論東西文化均有某種程度的都市化及都市問題，但與本文
所討論者頗為不同。根據 Hawley 所引證的資料，歐洲產業革命以前曾
有農業技術方面的重大進展，使農業生產力顯著提升，提供了製造業發
展的基礎。農業與製造業的發展在臺灣地區的產業轉型中，雖無明確的
證據可資建立因果模型，但兩者至少是齊頭並進的。也就是說，臺灣地
區的傳統農業單位面積及人力產量在過去數十年中曾有明顯的進展，不
但能平衡人口增加的壓力，而且使農業人口相對於總人口的比重逐年減
少，使愈來愈大比例的勞動力能投入非農業的生產活動。表二指出歷年

表二 產業轉型（一九五一～一九七九年）

年 度	稻米產量 公噸/公頃	農業人口 百 分 比	國內生產淨額成份	
			農林漁牧業 百 分 比	製 造 業 百 分 比
1951	1.88	52.87	35.73	13.01
1952	2.00	52.37	35.91	10.84
1953	2.11	51.93	38.30	11.29
1954	2.18	51.31	31.68	14.46
1955	2.15	50.71	32.85	13.80
1956	2.28	50.04	31.56	14.53
1957	2.35	49.43	31.70	15.70
1958	2.43	48.62	31.17	15.54
1959	2.39	47.70	30.52	17.75
1960	2.49	49.79	32.78	16.84
1961	2.58	49.04	31.42	16.99
1962	2.66	48.05	29.13	16.98
1963	2.81	47.22	26.80	19.72
1964	2.94	46.09	28.40	20.87
1965	3.04	45.44	27.29	20.11
1966	3.02	44.69	26.17	20.34
1967	3.07	44.74	23.70	22.26
1968	3.19	43.94	22.05	24.11
1969	2.95	42.92	18.80	26.28
1970	3.17	40.86	17.94	26.43
1971	3.07	39.74	14.86	28.90
1972	3.29	38.90	14.12	32.41
1973	3.11	37.70	14.05	36.29
1974	3.15	36.60	14.49	32.69
1975	3.16	34.67	14.89	29.28
1976	3.45	33.70	13.35	32.55
1977	3.41	33.14	12.50	32.90
1978	3.25	32.90	11.31	34.49
1979	3.40	32.26	10.40	34.93

農業人口及加值分別佔總人口及國內生產淨額比例之降低，及單位稻米產量與製造業加值佔國內生產淨額比例之上升，資料取材自一九七九年「中華民國統計年報」及一九八〇年「臺灣農業年報」。Hawley (1968: 335) 的區位學理論說：「累積性的變遷（或成長）必先有關鍵性的生產力增加」，臺灣省光復初期的農業社會蛻變爲今日的工商社會，農業成就至少是重要的助力。但是，產業轉型是透過何種制度與安排而達成的呢？根據費景漢與其同事 (Fei and Ranis, 1964) 的主張，由於勞力過剩的農業工資維持在僅足溫飽的水準上下，形成制度性工資，而新發展的勞力密集製造業則提供略高的工資，刺激人口流入製造業。由於早期勞力密集的製造業均座落於容易取得勞力的城市及其週邊地區，產業轉型所引發的人口遷移乃以城市爲目標，蔚爲都市化。

臺灣地區的都市化雖與製造業的發展有關，但都市化形成人口與產業集結，造成經濟學家 Mills (1972) 所謂的生產結叢 (Agglomeration)，使各種不同的產業在都會區內互相吸引與配合。社會學的古典理論則從「競爭」關係來討論這個現象，根據 Durkheim (1933) 的主張，由於就業人口滙集都會區中，產生局部性的競爭而迫使產業及職業分化，促成相互依存的合作關係。這兩種主張均承認都會區持續擴張的可能性，由於生產技術的發展可以分化程度 (Differentiation) 或加工層次 (Fabrication) 來概括，則產業技術精進就製造更多的就業機會，使都會區的社會經濟體系繼續膨脹與發展。除了都會區內的分化以外，都會區間也有分化的現象。社會學家自一九五〇年代末期就非常關心都會體系 (Urban System) 的問題，長期研究的結果發現，一個大地域（如北美或歐洲）的許多大小都會區因規模（即人口量）而形成都會階次，不但大小順序排列有一定的秩序，而且都會功能所包含的內容與區域範圍也因規模而有不同 (Duncan et al., 1960)。

　　都會功能指的是都市對整個都會區（或甚至全國）所提供的服務，如批發、轉運、財務、行政及交通管理等等，均以都市爲服務網絡的中心，向週邊區域擴散，越大的都市則服務範圍愈廣。從經濟學的觀點來看，這與區域性的規模經濟有關，由於上述各種服務均係相當專業化的服務，需要比日用百貨零售業更爲廣大的市場做基礎。所以，經濟地理學家 Lösch (1954) 提出一個中位理論 (Central Place Theory)，主張都市不但是區域性服務網絡的中心，而且在地理環境許可的狀況下，也是地理中心。我們可以想像一個圓形或等多邊形，其中心點是都市，而週圍就是此都市所提供服務的區域，兩者可合稱爲一個都會功能區。都會功能區視各國社會經濟發展狀況及交通網的配置而有所不同，一個國家的許多都會功能區可能也形成一個功能體系，以最大的都市爲中心，提供許多次級都市所不能提供的專門性服務。行政院經設會都市規劃處曾於一九七五年發表一項「臺灣地區都市體系之研究」，係以醫藥、學校、銀行、專業服務、批發、零售及製造等各業員工或單位數量爲都會功能之指數，配合都市人口規模尋求都會位階之認定。結果，發現上述各業規模均與都市人口規模形成正函數關係；以臺北市爲中樞都會，而臺中、臺南及高雄則爲次級都會。非常可惜地，此項研究捨各業相對比重而取絕對數爲都會功能分級的判準，由於各業規模隱含着人口規模的成分，使這個研究不能有效區別都會功能與人口規模兩個不同的概念，也不能提供都會功能組成比的分析。其實，運用因素分析或類似的綜合指數方法，可以取得都市行業結構的適當組成，做爲「都會功能」指數 (Vance and Smith 1954, Duncan et al., 1960, Wanner, 1977)，則不但能直接探索都會功能與人口規模的關係，而且能深入討論都會功能的組成內涵。

　　應用中位理論於都會體系的研究，至少有兩項必須注意的限制：①

多數大都市之形成均有其特殊的歷史背景（如首都及邊城）與地理條件（如河流交會及港口），不一定與市場及中心位置有關；②都會區的分化趨向可能是多方面的，而不是單一「都會功能」的階序分化。以臺灣地區而言，臺中似乎比臺北更像一個地理中心，但整個地區的政經文教中心却座落於臺北。另一方面，雖然在都會功能的階序上高雄低於臺北，熟悉臺灣狀況的人都知道臺北與高雄實係兩個不同類型的都市；臺北以金融、貿易及行政服務為主，高雄則以製造業為重。但是，中位理論仍有其重要的貢獻，它協助我們了解都會體系的意義，使久已成為人口學家所熟悉的都市規模法則（Rank-Size Rule）獲得部分理論性的支持，也使我們能從社會整體的觀點來認識都市。簡言之，都市負擔着市場、生產、及管理的功能，是社會經濟運作的樞紐，既不是個人尋求「失落感」的地方，也不是使個人感覺「超重負荷」的場所。都會體系的理論及經濟研究仍有許多需要修補加強之處，尤其是在臺灣地區，有非常豐富的社區性統計資料可以為深入分析之用。臺灣地區研究都市社會的學者居然捨棄已有的資料，而傾向使用問卷調查的方法收集家庭與個人的「都市行為」資料，豈非令人困惑的現象？筆者認為，臺灣的都市社會學研究脫離心理學及所謂「行為研究」的陰影是差不多時候了，都市社會學家 Schnore（1965）於十六年前向美國社會學界提出「總體社會學」的主張，也許對此刻的臺灣社會學界更為恰當有益。

四、都市問題

　　由於都市是人口聚集之處，我們所討論的都市問題應該是因人口密集而形成的「社會」問題，而不是其他因素所引起的「行為失調」問題。首先，我們必須確定臺灣地區是否有過度都市化（Over Urbanized）

的狀況。也就是說，臺灣地區在過去三十年間雖有明顯的社會及經濟發展，但人口是否較諸已開發國家有過度集中都市的現象呢？費景漢 (Fei and Ranis, 1964, 1975)似乎認為經濟發展可有韓國模式及臺灣模式的不同，兩地在戰前均屬日本殖民地，而日本在兩地的建設投資，使兩地的發展一開始就是走向不同的途徑。在可能過於簡化的情況下，我們可以說韓國的經濟發展以資本密集的製造業為基礎，而臺灣則以勞力密集的製造業為發展的起點。由於產業的需要，臺灣可能比韓國有較高的都市化程度。無論如何，要澄清「過度都市化」的問題，就必須依賴國際性的比較，以便確定都市化與產業轉型是否有一致的關係。圖二使用 Taylor and Hudson (1972) 所提供的 1960 年前後，包括全世界八十餘國家中都市化與產業轉型的資料。縱軸表示都市化程度，以 Davis 的十萬人以上城市人口佔總人口百分比為計量單位；橫軸表示產業轉型，以製造業佔國內生產毛額 (Gross Domestic Product) 百分比為指數。圖二顯示，除了右下角蘇聯及其東歐衛星國家（合稱蘇聯集團）以外，其餘七十餘個國家的都市化程度與製造業的比重間，有相當一致的關係。當然，各國都市化與產業轉型的關係仍有程度上的差異，視其產業技術與組織而不同。蘇聯集團之所以成為例外，有可能是因為：①國營農場及其相關機構形成社區自給自足的製造過程，及②人民自由遷徙的權利在憲法中沒有得到應有的保障。「過度都市化」似乎是沒有根據的主張，因其過於著重城市的生活面，而沒有真正了解都市化的過程。

雖然「過度都市化」只是一個虛構的名詞，由於人口繼續流入都市，當都市行政及規劃不良時，就產生了都市問題。筆者認為，當前臺灣都市最嚴重的問題莫過於都市更新及都市交通兩項。本文嘗試以人口密度的分析做為討論這兩項問題的關鍵，自從經濟地理學家 Colin Clark (1951) 在歐美發現，都會區內的人口密度自中心區向外圍形成降

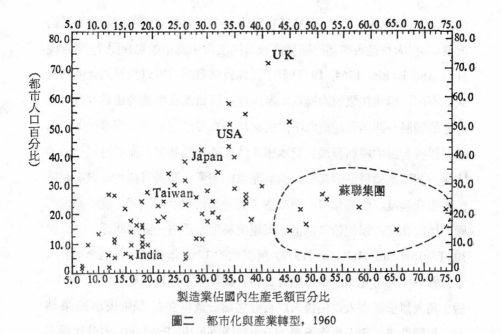

圖二　都市化與產業轉型，1960

低性的指數函數以來，經濟學家（Muth, 1969）、社會學家（Winsborough, 1962, 1963）及地理學家（Newling, 1972）均曾分別試圖加以闡釋與說明，而此一人口密度函數亦經使用於臺北都會的人口分析（Graff, 1976），產生許多有意義的結果。根據 Hal Winsborough（1962）的數學分析，人口密度函數涵蘊着都會區人口對市中心點的某種形式平均距離，由於 Colin Clark 自始就強調人口密度函數因都市成長而產生變遷，Winsborough 乃主張郊區化（suburbanization）可以用都會區人口對市中心點的「平均距離」之增加來充分表達。Richard Muth 更進一步指出，此一函數的變化有賴於人口、房屋與交通三者間的均衡關係。一般而言，當房地產價格固定時，若邊際交通成本（包括直接及間接成本）降低，則人口對市中心的「平均距離」逐年增加。運用人口密度函數來分析臺北都會區的擴張，圖三顯示自一九六二年以迄一九七九年，

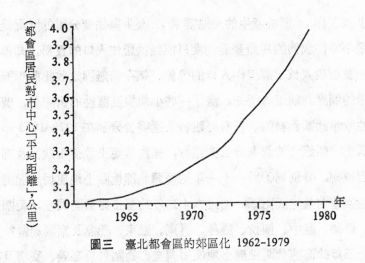

圖三　臺北都會區的郊區化 1962-1979

臺北都會區內「平均」每人對市中心點(臺北火車站)距離之增加情況，資料取材自歷年「臺灣人口統計」，都會區係以臺北火車站周圍十五公里半徑以內所含臺北市十六個行政區及臺北縣十二個鄉鎮市組成。圖三指出，臺北都會區人口對市中心點的「平均距離」愈來愈大，形成時間的增加性指數函數，表示都會區人口正以愈來愈快的速度向郊區擴散。

　　如果郊區化的趨勢配合着工作與居住地點分離的趨勢，則所產生的每日交通對流將使都會區的交通設施遭受很大的壓力，更何況都市化使更多的人口湧入都會區呢！由於臺灣地區沒有嚴格管制住宅與商店及工廠隔離的地方法令，而且許多地方首長對「住商混合」的情況沾沾自喜，以為是不同於歐美都市的一種「節約能源」的特色。那麼，郊區化應該不會在臺北都會造成交通運輸的問題。其實不然，臺北都會區的住商混合雖然可以算是一種特色，但其對居住環境的污染（噪音、廢氣、廢水、垃圾及秩序等）却造成嚴重的問題，迄今尚無有效的解決辦法，是否達到「節約能源」的目標也不無疑問。我們知道，如果住在甲住商混合「住宅區」的居民，每天需越過臺北市到另一端的乙住商混合「住

宅區」去工作， 則所產生的交通需求， 至少與住商分離的狀況是一樣的。很不幸，我們的戶籍登記制度只能提供居住人口的資料，却無法協助學者及市政人員了解工作人口的分佈，迄今尚無固定收集此項資料以供參考的制度。就筆者所知，除了一些小規模社區性的研究外，廣泛而系統性收集此類資料的，只有經建會及運委會分別在 1972-1975 年間所做的調查。經建會的調查分三次進行，係為確定土地使用狀況及都市影響圈而舉辦，分別為①民六十一年的臺灣北部地區土地使用現況調查，範圍包括臺北及宜蘭兩縣；②民六十二年的都市影響圈調查，範圍包括新竹、苗栗、臺中、南投、雲林、屏東、臺東、花蓮及宜蘭等縣；及③民六十三年的高速公路沿線土地使用調查，範圍包括嘉義、臺南及高雄三縣。交通部運委會的調查係於民六十四年，在臺北地區（包括臺北、新竹、桃園及宜蘭等地）所作的家庭旅次調查，為本文檢討工作與居住分離現況的依據（交通部運輸委員會 1977： 臺北地區大衆運輸系統規劃專題報告㈣）。

　　由於運委會的調查所包含的地區範圍頗廣，遠超過本文所稱的臺北都會區，而且其「交通分區」與地方行政區並不完全一致，表三係將資料選擇與合併後的結果。表三第一欄所列的是臺北都會區內各行政區所產生的家庭旅次（卽居住人口需要離家工作的人次數）佔都會區總家庭旅次的百分比，第二欄是各行政區所吸引的家庭旅次（卽工作人口需到達地區的人次數）百分比，第三欄則係二者的差額。以所謂的隔離指數 (Segregation Index) 來計算居住人口分布與工作人口分布間的差異，可將第三欄數字取絕對值累加後除以二， 得隔離指數為 $\triangle = 27.16\%$，意指若二種人口分布要完全一致時， 需要互相調換百分之二十七的人口。此項指數指出，臺北都會區內雖然容許住商混合的土地使用，但住宅與工商用途仍有相當程度的「自然」分別；尤其是城中區，顯然發展

表三　旅次產生與吸引力（一九七五年）

地　名	①旅次產生	②旅次吸引	③差　額 ①減②	④越區旅次
松　山	13.06	8.91	4.15	75.75
大　安	11.08	7.01	4.07	79.02
古　亭	6.73	4.90	1.83	88.12
雙　園	4.24	2.23	2.02	84.88
龍　山	1.66	3.40	1.74	88.58
城　中	1.63	18.67	－17.04	73.73
建　成	1.50	3.23	－1.73	88.22
延　平	1.16	2.50	－1.34	82.73
大　同	3.22	2.19	1.03	86.82
中　山	9.16	14.71	－5.55	69.25
景　美	3.27	1.18	2.09	90.70
南　港	2.47	2.03	0.44	66.33
木　柵	1.72	1.03	0.69	83.02
內　湖	1.74	1.01	0.73	78.60
士　林	6.05	3.56	2.49	73.61
北　投	2.14	1.25	0.89	98.72
五股洲里				
蘆八股	1.11	0.08	1.03	70.71
三　重	6.37	4.74	1.63	69.23
新　莊	1.92	3.03	－1.11	56.09
泰　山				
板　橋	6.03	4.12	1.91	67.82
永　和	6.93	3.66	3.27	74.88
中　和				
土　城	1.27	1.33	－0.06	43.80
三　峽				
樹　林	1.26	1.59	－0.33	32.03
鶯　歌				
新　店	3.08	2.13	0.95	71.86
烏　來				
汐　止	1.20	0.79	0.41	65.37

　　100.00　100.00　△＝27.16

爲專供非住宅使用的地點，整個都會區的外出工作人口中只有百分之二住在該區，却有百分之十九到該區工作。更進一步了解工作旅次之產生，表三第四欄陳列居住各區工作人口中需到其他行政區工作的人次百分比，除了土城、三峽、樹林及鶯歌等偏僻山區鄉鎮外，各區工作人口需越區通勤者均佔半數以上，顯示住商混合的土地使用並未眞正有益於節約能源。尤其值得注意者，城中區的旅次吸引僅佔總旅次百分之十九，但據聯營公車管理中心所提供的一九八一年元月份營運資料，則該月份中每天五萬班次的公車中，有百分之七十一通過中山堂、火車站及市議會一線，在城中區形成交通輻輳點。

在郊區化及都市化的雙重壓力下，臺北都會區的交通問題只會愈來愈嚴重，不會有緩和的趨勢，亟需市政當局積極協調省政府，及早規劃並且統整有效的交通網，以利民行。臺北都會區在未來數年內將陸續完成內環及外環快速道路各一組，對避免日增的交通量輻輳於市中心點，當有重大的貢獻。但是，快速道路未能配合以環狀的快速大衆運輸工具，其效用將會受到很大的限制。因爲運委會的調查資料顯示，1975 年臺北市的工作旅次中，只有百分二十四是依賴小客車及計程車爲運輸工具。換句話說，快速環狀道路未能安置快速大衆運輸工具，則將只能輕微舒解市中心區的交通量，衆多（百分之六十一）依賴大衆運輸工具的旅次，將繼續滙集臺北市火車站前，不但形成人力、物力與時間的浪費，而且已經使中心點於尖峯時間發生超級擁塞的現象。儘速於快速環狀道路上規劃專用的快速公車系統，舒解不必要的繞道與輻輳，相信是解決都會居民交通問題的重要手段之一。其他如避免讓空計程車於尖峯時間逗留路面，及解決都市停車問題等，都能眞正有益於能源節約與交通便利的目標之達成。但是，更基本而且有效的對策，則爲都會區的整體規劃，尤其是都市更新，更須要大規模且迅速地進行。人口重心向郊

區移動固然可以交通便利為其成因，最近的研究則發現，應以郊區的大量新建築（或郊區發展）為其主因 (Harrison and Kain, 1974)。不但新近湧入都市的人口直接投入郊區人口，而且市區內的人口亦因建築物老化及公共設施年久失修及過於擁擠而移到郊區。大規模的都市更新不但能使市區再度成為吸引人口的居住環境，而且可藉由向高空發展而取得較多的休閒及居住空間。根據一個都市更新案例之研究（張金鶚，1981），由於更新區居民均堅持第一層樓店舖之取得，不但迫使地方行政當局縮小都市更新計劃的規模，甚至只有往後展延一途，則住商混合的居住狀況又妨礙了都市更新的措施。

參 考 書 目

Clark, Colin

1951 *"Urban Population Densities,"* Journal of the Royal Statistical Society, Series A, 114 (Part IV)：pp. 490-496.

Davis, Kingsley

1969 *"World Urbanization"* 1950-70. Berkely：Institude of International Studies, U of California.

Dewey, Richard

1960 *"The Rural-Urban Continuum: Real but Relatively Unimportant,"* American Journal of Sociology 66 (July)：pp. 60-66.

Duncan, Otis D.

1957 *"The Measurement of Population Distribution,"* Population Studies 11 (July)：pp. 27-45.

Duncan, Otis D., W. Richard Scott, Stanley Lieberson, Beverly Duncan, and Hal H. Winsborough.

1960 *"Metropolis and Region."* Baltimore：Johns Hopkins University Press.

Durkheim, Emile (Tran. by George Simpson)

1933 *"The Division of Labor in Society,"* New York：The Free Press.

Fei, John C. H. and Gustav Ranis

1964 *"Development of the Labor Surplus Economy: Theory and Policy."* Homewoon：Richard D. Irwin.

1975 *"A Model of Growth and Employment in the Open Dualistic*

Economy: The Cases of Korea and Taiwan." Journal of Development Studies 11 (January): 32-63.

Graff, Michael A.

1976 "*Changing Urban Population Density Grachent in Taipei.*" Ph. D. Dissertation, Dept. of Geogrphy, Michigan State University.

Harrison, David and John F. Kain

1974 "*Cumulative Urban Growth and Urban Density Functions,*" Journal of Urban Economics 1 (January): 61-98.

Hawley, Amos H.

1968 "*Human Ecology,*" in International Encyclopedia of the Social Sciences, Vol. 4, pp. 328-37. New York: The Free Press.

1971 "*Urban Society: An Ecological Approach,*" New York: The Ronald Press Company, 1971.

Lösch, August

1954 "*The Economics of Location,*" New Haven: Yale Univ. Press.

Mills, Edwin S.

1972 "*Studies in the Structure of the Urban Economy,*" Baltimore: Johns Hopkins Univ. Press 1972.

Muth, Richard F.

1969 "*Cities and Housing: The Spatial Pottern of Urban Residential Land Use.*" Chicago: The Univ. of Chicago Press.

Newling, Bruce E.

1969 "*The Spatial Variation of Urban Population Densities,*" Geographical Review 59 (April): 242-52.

Schnore, Leo F.

"*The Urban Scene: Human Ecology and Demography,*" New York: The Free Press.

Taylor, Charles L. and Michael C. Hudson

1972 *"World Handbook of Political and Social Indicators,"* 2nd Ed. New Haven: Yale Univ. Press.

Tisdale, Hope

1942 *"The Process of Urbanization,"* Social Forces 20 (March): 311-6.

Vance, Rupert B. and Nicholas J. Demerath eds.

1954 *"The Urban South,"* Chapel Hill: The Univ. of North Carolina Press.

Wanner, Richard A.

1977 *"The Dimensionality of the Urban Functional System,"* Demography 16 (Nov.): 519-37.

Winsborough, Hal H.

1962 *"City Growth and City Structure,"* Journal of Regional Science 4 (Winter): 35-49.

1963 *"An Ecological Approach to the Theory of Suburbanization,"* American Journal of Sociology 68 (March): 565-570.

張金鶚

1982 「從參加與增殖的過程看臺北市舊有都市鄰里環境之改善」，臺大城鄉學報，第一期。

六、社區意識與鄰里關係問題

第十一章　美國社會的社區意識與鄰里關係

郭　文　雄

一、前　言

　　要了解社區意識與鄰里關係，首先讓我們弄清楚「社區」這一名辭到底指什麼而言。社會科學家們雖然經常以「社區」指稱某一地理區域，它的大小却隨着研究者的興趣而改變，小者指未開發社會中，一部族所聚落的小村莊，大者則指西方工業社會裏，人口千萬的大都市。但最通常的用法，則把一都市內，個人居住的毗鄰地區稱爲「社區」，讀者可想像，當「社區」的範圍這麼雜歧時，研究者對社區所能影響居民之行爲與態度的程度，或某一社區具有何種特徵，常會導致不同的結論。學術上的許多爭論，往往就是由於選擇社區對象之不同而引起的。

　　其實社區如果僅以土地界限設準，問題尚好解決。更困難的是在理論上，學者尙無法眞確地指出，在何種狀況下，何種社會關係、型態下，一塊地域才能夠被視爲一眞正的社區。作者在此不想設法解決這個問題，我們不妨暫時把社區的生存、持續與成長認爲依靠在人際間的交往上。依據這粗淺的了解，社會關係如不確立，居民無法取得社會分工

上的相互依賴，社會無法滿足居民在經濟上、社會上或政治上的需求。當居民尚欠缺正常社會功能的互賴關係時，我們說一個社會有地理上的存在，可是欠缺構成眞正「社區」的實質。

但是這個社區的定義尚過分籠統。第一，它雖然強調人際間的互動，却沒清楚地指出這些社會關係的緊密或稀疏；其層次應是初級性或次級性。第二，它雖然指出社區的功能在於滿足的需要，却沒具體說出社區最起碼該擁有那些組織、制度、公共事業時，居民才會有強烈的社區感，愛護社區，不輕易向外遷移。第三，它忽視歷史因素與文化因素在社區成長過程中所造成的影響。這定義暗示，社區中現存的社會功能與社會關係的程度決定社區意識。

反過來說，故意把社區下粗淺的定義亦有好處。因爲此定義下，沒有把社區限制在一特定地域上，它避免了「社區失落」論派學者所犯的錯誤，容納了晚近「社會網」研究法對社區研究的新見解。另外，旣然只說社區需滿足居民需求，則社區功能型態可隨歷史、隨地理情況之不同而變。我們不必取用某一社區的特殊型態來批判另一社區之好壞。這些問題讀者看完下文後，自會進一層了解。

二、社區失落

在社區研究中，最爭論的一個議題卽是「社區失落」這個問題。社區失落論的學者，早期以杜尼斯（Tonnes）爲代表，晚近則以沃爾斯（Lous Wirth）與派生思（Talcott Parsons）爲首要。此派學者基本上認爲自從西方工業革命後，大型組織興起，生產事業、服務機構集中化，剝奪了小型社區的許多傳統功能。加上工藝、運輸、傳訊的改進與發明，個人流動較容易，其需求也不再受社區之全部控制與支配。地方

社區不但失去自主性，它的居民也因而損失社區感。因爲社會關係由傳統強調個人化，直接性，全盤性的鄰居、朋友關係轉移到正式化，間接性，工具性的次級關係上。學者如派生思便預言傳統家庭親屬制度勢將衰頹，正式組織亦將取代鄰里關係。沃爾斯則強調都市生活方式的崛起，都市居民成分的變異，社區關係的膚淺化，社會解組的增加，與居民疏離感的增強。簡言之，如果社區失落派的論調正確，實驗資料該揭露這個事實：大都市內親屬關係疏遠，社區內居民的交往程度銳減，居民對當地社區的認同稀淡。可是自從二次大戰後，許多社會學家的研究累積成果，未能支持此種「社區失落論」。甘斯 (H. Gans) 研究波士頓市內意大利人後裔之社區，報導這社區仍然維持緊密的社會關係。他稱這些人是都市裏的村莊人。李瓦克 (Euqene Litwak)、亞當斯 (Bert Adams) 亦先後再三確定親屬關係於現今都市生活中之重要性，尤其是親屬間的危難救急。另外，費雪爾 (Claude Fisher) 亦發現都市居民並沒較高的疏離感，無權力感。

　　最近反駁社區失落論最出色的兩樣研究則是亨德 (Hunter, 1975) 在美國紐約州路徹斯特城 (Rochestor) 所做的調查，以及「社會網」研究法對社區這一概念的重新估定。

三、社區已救

　　路徹斯特以柯達公司與其優良的大學著名。一九四九年時，社會學教授復黎 (Donald Foley) 在該市幾個區做過社區感的調查。亨德在一九七四年間到該地區做同性質的住戶訪問並兼做親身觀察。他的報告指出，該地區這三十年來，人口總數遞減，複戶式的建築與黑人人口增加，可是在經濟地位上，它們的人口與整個城市相比較，並沒顯著下

降。表一至表三複印復黎與亨德兩個人的資料以作比較:

表一　地方設備使用率

在住宅周圍五個節內行使功能活動的百分比	復　黎—1949 (437 人) %	亨　德—1974 (154 人) %
買　　雜　　貨	77.4	34.7※
買　少　量　東　西	71.2	61.3※
上　　教　　堂	61.5	51.2※
上　電　影　院	49.5	9.1※
看　　醫　　生	46.7	19.3※
上　　銀　　行	25.6	47.9※
就　　　　業	17.0	11.4

※代表差異程度達到顯著水準‧○五

表二　非正式的鄰里關係

回答「常常」或「有時」對「很少」或「從來沒有過」之百分比	復　黎—1949 (446 人) %	亨　德—1974 (154 人) %
與　鄰　居　閒　談	73.9	79.7
相　互　幫　忙	58.5	56.5
交　換　東　西（工具、食譜）	41	51.3※
非　正　式　到　家　拜　訪	38.7	47.4
向　鄰　居　徵　取　意　見	26.1	30.8
去　野　餐、開　派　對	17.1	26.0※
與多少住在同街段的鄰居閒談過	64.1 （回答至少一半）	47.3 （「所有」或「大部份」對「一些」「幾個」或「從來沒有過」）
朋　友　住　的　地　方	24.4 （至少一半住在五節內）	34.9 （三個最好朋友中二～三個住在這區中）

表三　社區感指數

居民認為這區域	復黎—1949 (448 人) %	亨德—1974 (154 人) %
是城市內的小社區	51.1	59.9
比整個市受到更多居民的擁護	41.3	43.7
有特別的區名	53.5	64.5※
有特別的界限	44.8	61.2※
有專爲本社區住戶做的特殊活動	35.6	60.4※

　　根據這些資料，亨德報告說在過去二十五年來，居民使用住宅毗鄰地區之設備的程度，七樣中有六樣減少（表一），其中唯有使用當地銀行的程度增加，亨德解釋這是因爲郊區大型購物中心的盛行和大型醫院或綜合診所的興起所致。許多人寧願多開幾英里做每星期的採購，或看醫生。很多電影院亦設在採購中心內，它們打擊了住宅區附近的電影營業。

　　表二資料指出六種非正式的鄰里關係內，五種關係於二十五年中有增無減。其中交換東西，一齊去野餐或開派對，前後的程度帶有統計上的顯著值。此項資料與初級社會互動關係已衰落的社區失落論相矛盾。表三更進一步檢驗居民對當地社區的認同性與感情，五個指數通通增加，其中三項尚具顯著差異。

　　從上面這些資料看來，社區失落就路徹斯特市的情形評判，三個假設中，只有第一個假設沒被推翻，卽社區居民使用當地設備的程度愈來愈少。亨德進一步分析什麼因素影響社區設備之用，非正式鄰里關係與社區感。他發現愈是年輕的白人居民，擁有自宅時，愈能使用區內設備時，愈有密切的非正式鄰里關係。相對地，影響社區感最主要兩個因素

則是居民的教育程度與非正式鄰里關係的程度。這項資料與在英國做過的一個研究 (Kasarda & Janowitz, 1974) 相似，後者指出社區感及對社區的興趣， 受到社區內的朋友親戚人數與區內非正式社會活動的影響。

簡言之，亨德認為社區失落論並不正常，他進一步發揮說明為何這些社區沒衰落。其中一個原因即社區居民不只是環境因素的被動者。人們追求他們理想的社區時， 可以改造社區結構， 創造社區新意識， 所以他提出資料強調社區居民一旦活躍於當地社會組織時，社區感隨着增進。

四、社 區 釋 放

從韋兒蒙與賴登 (Wellman & Leighton, 1979) 兩人看來， 亨德這種對社區的看法歸屬於「社區已救」論派。證明了地方社區之繼續生存，但此種「已救」論忽略了大型工業組織與都市區位變遷對人們初級社會關係的影響。另外，把「社區」概念化為某一特定地區域時，忽略了居民的許多社會關係並不束縛於住宅毗鄰地區內。換句話說，個人的社區在廣義上存有許多種，地緣上的社區只是全部社區中之一。個人的社區地位、職業、與生活方式決定了個人之社區的型態。例如說，文獻指出工人階級的社會網較狹窄，以住宅區與親戚關係為重心。反之，中產階級之社交面則較廣。

韋兒蒙與賴登因而提出一種新見解，叫做「社區釋放論」，此論贊同「社區已救論」的一點： 即社區仍然興旺於都市裏。可是它認為個人的社區難得以地區為組織單位。社會結構的變遷，工藝上的改進，使得個人社會網分散到都會區的每一個角落上， 使得社會關係專門化、特殊

化。故住宅毗鄰地區絕非是以前無所不包的社區了。總之，在工業化社會裏，個人享有高度流動性，社區似乎不需地緣上的接近才能夠成立。社區釋放論貶低距離與旅行空間對人類結羣的限制力。

　　社區釋放論與最近風行的社區網研究技巧有關。韋兒蒙 (Wellman, 1979) 調查過加拿大多倫多郡東約克居民。他問起除了家裏人外，誰是最親近的？他們的性別，社會經濟地位，住在何處，幫過什麼忙？這研究報告說幾乎所有被訪問過的人中能舉出一名與他們有親近關係的人，百分之六十一尚說與他們親近的至少五個人。親近關係內，大概有一半是親戚，一半非親戚。其中尤以自己的子女、父母、或兄弟為最親近。故這項資料再證明親屬關係之普遍性與重要性，與社區已救論並無不一致。

　　但韋兒蒙又提出一個重要修正：被提名為親近的人中，大部分居住於多倫多都會區內，僅有少數（十三％）與被訪問者在同毗鄰地區裏定居。他發現空間距離的阻礙並非已經完全消失。遠一點的親屬朋友如果還維持親近關係的話，互相探訪或打電話的次數比那些住在近鄰的次數少，同時遠親的關係較朋友關係容易維持。正如社區釋放論所假設的，多倫多資料尚提示，親近圈乃是隨社會關係性質之不同而包括不同的成員。這種特殊化、不相重疊的社會網經常行使不同的功能，提供不同性質的協助。一般居民只能維持少數幾個社會網。同時基於性質之不同，親近人中只有少數能互相認識。大部分的東約克住民的社會網帶有這種性質：密度不高，互相幫忙的程度不齊。有急難時雖然個人能依賴親近圈裏的某些人如自己的子女或父母來幫忙，可是並不是所有親近的朋友、同事會來救急的。

　　總而言之，社區釋放論不以「社區」完全是地方上的單位，而是個人社會網的總和。它正確指出地理區域為主之小社區於工業社會中日漸

喪失其支配力，只能有限地影響居民的社會活動與社會關係型態，並說明了個人新獲的自由，社區的超地方化，社會關係的分殊化。

五、討　論

　　從亨德資料看來，美國都市內有地域界限的老社區，尤其是少數民族聚集的地區，並非一概沒落，居民不再存有強烈的社區意識。極端例子當然容易找到，例如費城、紐約、巴鐵摩爾等城市內有許多地主因稅收重，修理費、保險費昂貴，公共安全不足，乾脆放棄地產、房子讓市政府廉價標售。棄屋之流行，使整段街道不幾年中形成鬼域，或變成無社區感，社會問題氾濫成災的貧民窟。這種地方當然需要全盤的都市更新。但這些社區並不是老社區的典型。今日舊社區的平均人口老化，社會階層地位偏低，公共設備不能與郊外競爭，但一般存有社區精神，尤其社區的鞏固性遭受到外界的威脅時。例如波士頓愛爾蘭人的住區對公車載學童跨區上學猛烈抗議。又中國城又老又窮，房屋就業問題嚴重，可是歷史意識、文化意識，讓華人有相當安定的社區感，儘管青少年、新移民近年來造成許多少年幫派與犯罪問題。無可否認地，一般人口的向市郊遷移，就業機會與工業移開都市中心地區，將繼續威脅老社區的命脈。中產階級能否倒流回到都市中心，端賴都市中心經濟競爭力的加強。

　　上面的討論並不是為郊區的好處辯護。其實郊區的住民雖然佔有較多綠地與開放空間，構成分子較單純，但對社區政治參與的程度比大都市還低。雖然我們經常以市郊社區的人類友善，彼此較親近，社會學上卻欠缺實驗資料證明 (Fischer, 19)。簡單說，郊區並非完全理想。

　　話又說回來，個人的社區並非只限於自己住的地區。個人的社會網

可跨空間的限制，故兩人建立職業上的關係後或嗜好上的關係後，雖然不住在同一社區，却可經常使用電話聯繫和偶而親自互訪。社區釋放論的貢獻卽在此。像鄰居這一類關係，在日常生活上對小事極有用處，兩屋靠近，容易相互照顧。如果社會教育地位相當，人格性質合得來，鄰居尚可變成好朋友，但絕非所有的鄰居都能相處無間，特別是在美國，宗教之不同、種族背景之不同，往往會造成人際間的鴻溝。

　　我們的結論是：「社區感」受非正式鄰居關係之影響。朋友與親屬數目的多少，交誼品質的高低常常決定一個社區的吸引力。個人活躍於地方組織則有利於社區意識的培養與增強。

參 考 書 目

Fisher, C. S. (1975) *"The Metropolitan Experience"*, in A. Hawley & V. Rock, Metropolitan America, New York: Wiley & Sons, pp. 201-234.

Hunter. A. (1975), *"The Loss of Community"*, American Sociological Review 40 (oct.): 537-552.

Kasarda, J. and M. Janowitz (1974) *"Community Attachment in Mass Society"*, American Sociological Review 34 (June): 328-339.

Wellman, B. (1979) *"The Community Question"*, American Journal of Sociology 84 (March): 1201-1231.

Wellman, B. and B. Leighton (1979) *"Networks, Neighborhoods, and Communities"*, Urban Affairs Quarterly. 14 (March): 363-390.

蔡勇美和郭文雄合著，現代都市社會論集，臺北巨流書店，1978年出版。

第十二章　臺灣都市社區的社區意識與鄰里關係

林　瑞　穗

一、都市社區的涵義

　　社區一詞是由英文 community 迻譯而來，它在各學科間的用法很不一致，即使同一學科中不同學者也各有其相異的定義。我國學者有的指稱爲鄉村地區的村落或都市地區的鄰里，而有的指稱爲形成早期都市的「市街」（如臺北市的萬華）或「都市中的農村」（urban village）（黃大洲，一九七五；文崇一，一九七五；文崇一等，一九七五）。在社區推行工作上採用行政村里或軍眷村爲社區單位，現今更包括千戶以上的國宅社區。當然這些用法都把社區限定在比較小而具體並易於操作的定義上。實質上，社區更可泛指大的都會社區（metropolitan community）。

　　不論是狹義的社區或廣義的社區，它們至少包含三項要素：1.地理單位，2.共同活動中心，和 3.居民具有地緣意識或集體意識。換句話說，社區要素包含地理變數、社會變數、和心理文化變數。不過，不同型態的社區在這些變數上的組成並非等量，而是各有差異。例如，小村

落的社會關係較直接而親密，社區意識或認同感較爲強烈；相反的，大都會社區的社會關係較間接而疏遠，社區意識和認同感相當薄弱。（龍冠海，一九七六；Poplin, 1979）。

社區在社會學上的用法常被二分爲都市社區和鄉村社區。當然此種分劃稍嫌任意，其目的在便於學術研究之用。在劃定界限的設準上各國的歧異性極大。目前我國仍沒有公定的都市定義，在人口統計上往往以行政單位的市和鎮劃歸都市，而鄉則劃歸鄉村。這種區劃的結果有些與實際的都市發展有出入，因此有些學者曾提出一些更合乎實際都市發展的定義（劉克智，一九七五），在此不贅。大體而言，官方和學者所採用作爲劃分都市與鄉村的人口數都是以二萬爲準，即都市地區係指二萬人口以上的集居地。

本文所言的都市社區係指都市地區內的鄰里、軍眷村、都市中的農村、大型國宅社區、舊市街，甚至指更廣大的都會社區。此種「彈性」運用，主要在於能將有關的研究發現兼容並包地作概述，並且能與美國的作一比較。

二、蛻變中的都市社區

當今之世，工業化與都市化相伴而來，對人類生存和活動的空間造成極大的影響，人口大量滙集於都市乃是全球各地極明顯的趨勢。目前臺灣約有三分之二以上的人口居住在都市中，都市已成爲人們主要的生活空間。郊區也成爲人口的另一集中地區。

都市社區因受到工業化與都市化的衝擊而處於蛻變之中，尤其是大都市的社區爲然。在大都市中，舊社區逐漸凋零沒落而新社區正在蓬勃發展；老式平房住宅日漸消失而新式公寓大厦正快速興起；陳舊低矮的

眷村相繼拆除而新穎高聳的大型國宅社區紛紛設立。由於住宅流動性的增加，舊社區的世居者部分遷出而外地人繼之移入，使其文化異質性大為提高；新社區或公寓大廈社區更是滙集社會文化背景殊異的人羣，其異質性更高。雖然臺灣因經濟發展的結果，人民生活水準提高，對居住環境的選擇較為注重，以享受他們的生活方式，而造成生活方式的區位分化——大都市內各小分區在某些特徵（如社會經濟地位）上傾向同質；不過臺灣都市的區位分化仍不十分顯著（林瑞穗，一九八〇）。總之，目前臺灣大都市中單純同質的社區已逐漸地被複雜異質的所取代。

三、社區意識與鄰里關係

經歷過農村生活或早期都市生活的人們一定會感受到現代的都市生活多麼傾向表面化、形式化、和片面化；緬懷過去生活的人們可能要大嘆「世風日下，人心不古」。這乃是由於生活於都市社區中本質上起了變化。西方社會學家曾描述都市生活的特徵為異質性、專門化、隱匿性、形式性、和短暫性（Butler, 1976）。雖然這種描述具有幾分真實性，但稍嫌過分強調它的病態面而受到攻訐。

在蛻變中的都市社區中生活，人們的社區意識是否趨於薄弱？鄰里關係是否流於疏遠？在大眾社會的美國有不同觀點的論爭，在臺灣只有一些研究零碎地提及，並且所提對象常是不同型態的社區，無所謂觀點上的歧異。因此，本文所提的是一些社區的研究發現，有時作擴張的解釋。

（一）軍眷村

具有最強烈的社區意識的社區要屬軍眷村，它是職業上完全同質的

特殊社區，它的凝聚力也特別強固，居民在鄰里關係上極為親密。不過，它在對外關係上顯得孤立，（張瑞珊，一九八〇）。將來大型軍眷村改建為大型國宅社區後，社區成員的異質性增加，住宅型態的改變，將使社區意識和鄰里關係發生重大的變化。因此，在社區規劃上應兼顧到如何安排公共設施或公共活動場所，以增進居民的社區意識和鄰里關係。

(二) 舊 市 街

社區意識稍有褪色但仍保有相當份量的社區要屬舊市街和「都市中的農村」。舊市街（如臺北萬華）是大都市中變遷較為緩慢的市區，因商業沒落和建物陳舊，中上階層人家紛紛遷離，而外地移民相繼移入，儘管人口流動一直發生，但文化同質性的程度仍高，因此社區居民尚不缺乏社區的歸屬感和認同感，在社會關係上初級關係和次級關係同時並存（文崇一，一九七五；瞿海源和文崇一，一九七五）。依常理推斷，世居者以初級的親密關係佔優勢，而非世居者以次級的疏遠關係佔優勢。不過，舊市街並非一成不變，有些社區，如臺北市延平區的千秋社區，因住宅的拆除和重建，商業的設立，住宅流動性加大，而使社區發生了本質上的變化，社區意識已不甚濃厚，社區居民對社區名稱無所知悉者大有人在，這些人可能把社區只當作棲息的「地理單位」，而不是當作生活活動的「社會單位」。居民對社區漠不關心，難望他們對社區有認同感和一體感。

在千秋社區的研究中發現絕大部份的受訪人都有與鄰居交談的經驗，有相當大部份的受訪人有與鄰居交換、借用、或贈送東西，約有半數說曾跟鄰居談論煩惱的問題，約三分之一到過四戶以上鄰居拜訪或聊天，約有五分之一說有親友來訪時會請三個以上鄰居作陪。由此可見膚

淺而表面化的鄰里關係普遍存在，　但親密的鄰里關係只存於部分居民中。不過，若說「相識滿天下知心無幾人」似嫌誇張。

舊市區居民對鄰居角色的期待如何？在千秋社區的研究中把鄰居角色界定在兩項要素上：①親密和②互助。第一個要素是指鄰居間期待保持社會距離的型態，依親密程度分為三種：Ａ、社交型，即認為好鄰居只是友善的人但不是朋友；Ｂ、親和型，即認為好鄰居是好朋友；Ｃ、孤立型，即認為好鄰居是不打擾你的人。第二個要素是指期待獲得鄰居協助的型態與求助對象。仰賴他人協助的期望程度分為三種：Ａ、高度依賴者，　即期望好鄰居是隨時提供經濟或精神援助者；　Ｂ、　中度依賴者，即期望好鄰居是提供緊急經濟協助者；Ｃ、獨立者，即期待好鄰居是不提供任何援助者。在求助對象方面僅限於緊急事故或病倒時首先向誰求援。結果顯示在親密期待方面社交型者所佔比例最高，親和型者次之，孤立型者最少。都市生活使得鄰里中多數人僅希望維持表面的友善關係，或見面打個招呼，或寒暄幾句，或彼此微笑點頭示意；不過，期待鄰居是好朋友的仍大有人在。真正孤立者或獨來獨往者並不多。在協助期待方面，高度依賴者所佔比例最高而獨立者最低。由此可見鄰居間彼此有高度的依賴傾向，如能妥善達成鄰居間的良好關係，將可增強彼此的聯繫。在求助對象方面，緊急或病倒時最先想到的求助對象，以選鄰居的佔多數。此種結果印證了俗話所說的：「遠親不如近鄰」（林瑞穗，一九七八）。

（三）都市中的農村

此類社區，　如臺北的關渡，　在現代化的過程中，　職業結構發生變化，農漁業失去原有的光彩而趨於衰微，農漁民比例減少而勞動工人增加；人際關係也有了轉變，初級團體活動減少而次級團體活動增加。在

社區中血緣團體和志願結合扮演重要角色，儘管社會關係有了變化，但某些親密的關係仍舊存在（文崇一等，一九七五）。隨着都市向外擴展，此種社區將逐漸轉型而至全部消失。

（四）衛星都市的社區

本質上大都市周圍的衛星都市是屬於都會區的一部分，因其地價和租金較大都市的便宜，所以滙集許多外地的移民和通勤者，永和的保福社區原以農耕爲主，現已不見農地，建築物沒有多大變動，只有零星公寓和臨街的店舖住宅混合樓房出現，在一個調查研究中發現，受訪人在鄰里關係的各種親密度上所佔比例都少於舊市街的千秋社區和新社區的中央社區（在臺北市民生東路）。不過，受訪人在鄰居角色的期待和求助對象方面與千秋社區的相彷彿（林瑞穗，一九七八）。

（五）社區公寓

公寓大廈如雨後春筍般出現乃是現今大都市中相當明顯的現象。此種住宅型態的轉變將使人們的生活習慣爲之改變，也將使人際關係產生變化。有人說住在公寓，「我家像你家，何來認同感」；公寓居民如同「一羣沒有社會接觸的飼料鷄」；「公寓造就了都市人自我本位的『獨立』性格」（黃光國，一九七九）。這些話雖有幾分切中時弊，惟都市寸土寸金，住宅向高空發展乃不可免，問題是在如何設計住宅，使居民有互動或交往的機會，否則將來公寓大廈更加普遍，社會關係將更爲疏遠，志願結合的活動將取代社區的活動，交友對象住在鄰里外而非鄰里內。一個同質公教住宅社區（民生東路中央社區）的研究發現使我們不致流於過度的悲觀。在鄰里關係的各種親密度上所佔比例大多與舊市街的千秋社區相當，惟獨最親密度的比例稍低些。在鄰居角色的社會距離

的期待上，也是以社交型者居多，親和型者次之，而以孤立型者最少。在協助期待上，高度依賴者仍居多數，而中度依賴者和獨立者約略相等。這種結果提示該社區居民的獨立性較高。在求助對象上仍以鄰居爲優先的佔多數。有一項可以顯示該區居民對社區的關注的是曾出錢或出力參與社區建設的佔有極大的比例（林瑞穗，一九七八）。當然，此種結果難以概括所有公寓社區的情形，因爲該社區是一個同質的特殊公寓社區。

四、結　　論

　　以上的分析指出不同型態的社區居民在社區意識和鄰里關係上有差異，有些傾向濃厚和親密的一端，有些傾向淡薄和疏遠的一端，一般而論，軍眷村、舊市街和都市中的農村等的居民屬於前者，而新社區和公寓大厦等的居民屬於後者，這些現象將隨着社會型態趨向大衆社會而發生轉變。目前及可預見的未來，臺灣都市中軍眷村逐漸消失或變型，舊市街和都市中農村起了變化，衞星都市社區日漸增加異質性，新社區或原有社區中公寓大厦紛紛建立，加以都市建設日有進展，髒亂陳舊的地方將因都市更新而煥然一新。這些變遷可能使人們的空間距離縮短，但却使社會距離拉長。因此，在未來社會發展中如何加強倫理與精神建設實爲要務。

參 考 書 目

文崇一　「萬華地區的羣體與權力結構」，中央研究院民族學研究所集刊三九：一九～五六，一九七五。

文崇一、許嘉明、瞿海源、黃順二　「西河的社會變遷」，中央研究院民族學研究所，一九七五。

林瑞穗　「都市社區鄰里關係，社區團結與社區發展之研究」，臺大法學院社會科學論叢二七：三三九～三八一。一九七八年。

林瑞穗　「臺北都會區的區位因素分析」，臺大社會學刊一四：一一三～一二三。一九八〇。

黃大洲　「臺灣地區社區發展工作評估研究報告」，行政院經濟設計委員會。一九七五。

黃光國　「公寓與心理健康」，在黃榮村主編「偏差行爲面面觀」：七一～八四，一九七八。

張瑞珊　「臺灣軍眷村的社區研究」，碩士論文，未出版，一九八〇。

龍冠海　「社會學」（第七版），三民書局，一九七六。

劉克智　「都市人口定義之研究」，行政院經濟研究設計委員會都市規劃處，一九七五。

瞿海源、文崇一　「現代化過程中的價值變遷」，在「現代化與價值變遷」：六一～九二，一九七七。

Butler, E. W., *"Urban Sociology,"* Harper & Row Co., p. 275. 1976.

Poplin, D. E., *"Communities: A Survey of Theories and Methods of Research"* (2nd ed.), Macmillan Publishing Co. 1979.

七、環境保護問題

第十三章　概論美國的環境保護

蔡　誠　一

一、前　言

在近代工業社會有兩種主要的傾向引起一般人對環境保護的關心：一是因人口增加及工業發展而大量增加污染環境的廢物；一是環境污染物的質的變化，有許多污染物對人類本身的健康及人類賴以爲生的自然生態有極端的危害。雖然目前科學界對各種污染物的危險性及污染問題的嚴重性在看法上尙有歧異，但一般都同意若不立即探取有效的方法加以改善及防止，而任由污染繼續惡化，則對人類生存的環境（如呼吸的空氣，飲用的水及賴以生產食物的土地）勢必造成非常嚴重，甚至無可補救的損害。

至於如何改善污染的環境，應該改善到何種程度以及需要多少時間內達到目標，仍是些頗引起爭論的問題，因爲改良環境品質與促進經濟成長，兩者往往是衝突的。經濟成長是國家興隆及提高人民生活水準的原動力，而有效的污染控制往往得經由限制工業的擴張與增加工廠的污染控制設備着手，限制工業的擴張，即減少就業機會，相對地影響經濟

的發展。又增加工廠污染控制設備所花費的額外費用，必然轉嫁於產品而提高產品的價格，因此削弱了產品在國際市場上的競爭力。所以太急劇的環境保護措施對經濟的發展，將產生抑制作用。而且世界各工業國目前正面臨能源短缺的問題，爲了不仰賴產油國並促其本國的經濟成長，則有待於積極開發自己本國的能源。就美國而言，它目前現有的能源主要爲煤礦與核能。但煤的使用污染空氣非常嚴重；而核能的使用，其廢料的處理是個很棘手的問題，且有輻射線意外洩漏之虞。政府的責任在於保護公衆的利益，所以當它採取對策來保護環境時，必須愼重考慮它對經濟成長的影響。從另一方面來說也同，當它採取對策來解決經濟問題的同時，也必須愼重考慮它對環境的影響。因今天我們所做的決定，不只是影響我們這一代，它必將影響我們世世代代子孫的生活，不可不愼。臺灣過去十年來經濟起飛成爲亞洲的經濟強國，而隨之也不可避免地發生污染的問題。這在我們爲經濟成就得意之餘，難免多了一層憂慮。臺灣目前的情況與美國一九六○年代很相似，現在讓我們回顧過去十年，美國人民與政府對改良環境的態度的演變，政府的措施及它的成就來作我們的參考及借鏡。

二、環境污染的淵源與社會的覺醒

二次大戰前十年及戰爭期間美國人口大量流往工業城市，以求溫飽，這段期間美國人的生活可說相當艱苦。但戰後因工業技術的進步，美國開始其最興盛繁榮的時期。一般人的生活漸漸富裕，進而有錢及時間追求生活的舒適及享受，當時大多數人的想法是生育後代與離開擁擠的城市，在郊區找個優美的環境作居家，享受大自然。但不幸隨着人口的增加及遷移而產生許多副作用，郊區的自然環境因人口的遷入而逐漸

消失及破壞，如天然土地的開發，導致土壤流失，增加河流、湖泊的污染，而且人類生活所產生的廢水也污染了這些水源。又人口的增加，交通量也大增，引起交通阻塞，爲疏導擁擠的交通而大力興建公路的結果，佔用許多天然土地，並且汽車的噪音及它所排出的廢氣也污染了空氣。而在這同時，美國經濟快速成長，帶來一片繁榮，但它所產生的不良作用也逐漸顯示出來。

自一九五〇年至一九七〇年全國生產毛額（GNP）增倍，交通量及用電量增加三倍，汽油及機油的用量增加四倍，而當時許多大城的街景及天空，因工廠與汽車排出的廢氣，而呈現一片昏暗。因污染的空氣而導致眼疾與呼吸器官的毛病，而河流、湖泊及近海因大量工業廢水的排入而污染，嚴重者魚類絕跡。這段期間內，化學工業成長最快，二十年間（一九五〇年至一九七〇年）其產量增加五倍，而它所造成的污染也最嚴重。尤其是新的合成品如塑膠、殺蟲劑等不能爲自然所分解，而大大地危害了生物界。

在一九六〇年初期許多人發現因環境的破壞，他們所追求的生活享受已逐漸消失。但當時一般人並未了解問題的嚴重性，只以爲惡味及美景的破壞是進步所必須付出的代價，並未採取積極的行動，加以制止。此後幾年，環境污染的問題經報章雜誌的報導及分析，人們對它的嚴重性及形成原因漸有認識，體會到賴以爲生的生態界各種資源一旦受到危害，將是無法彌補的損失，而開始抗議工業界不顧人道的使用工業技術及濫用各種資源的行徑，並質問政府保護人民福利不力。這不滿之聲終於一九七〇年四月的第一次地球日達到高潮，全國人藉參加地球日的活動來表達對環境破壞的不滿。

當時所作的民意調查（Gallop）顯示出人民認爲保護環境與減少犯罪同列爲全國最急需解決的問題（表一）。這種強烈的民意促成了政府

改善環境的決心，也因而立下一套完整的環境保護法案，有效地改善並防止污染的惡化。隨着對污染問題更深入的認識及發現，在一九七〇年代陸續通過許多法案，使保護環境的立法更臻完全。

表一　美國最待解決的問題的調查

	1965年 (%)	1970年 (%)	1980年 (%)
減 少 犯 罪 率	41	56	61
減 少 失 學 率	35	25	48
消 滅 致 命 疾 病	37	29	41
改 善 教 育	45	31	35
接 濟 貧 民	32	30	29
減少空氣及水污染	17	53	24
改 善 住 居	21	27	20
減 少 種 族 歧 視	29	25	13
改 善 交 通 安 全	18	13	7
美 化 美 國	3	5	5

註：一九六五與一九七〇年的數據是蓋洛普 (Gallop) 的民意調查，兩者都在四月所作的調查。

　　一九八〇年的數據是 RFF 的調查，在一、二月間所作的調查。

三、環境保護的立法

美國積極的環境保護立法始於一九七〇年元旦國會通過的國家環境政策法案 (National Environmental Policy Act)。這法案的目的在於補充及加強現行法律對環境保護考慮之不足。它指示聯邦各機構作任何重大決策（如關公路、建水壩）時，必須衡量該決策對環境品質的損

益。爲確保各機構確實執行，該法案建立環境影響聲明(Environmental Impact Statement) 審查程序。此程序規定任何聯邦機構作任何重大決策，必具書面說明該決策對環境的影響，並提出可替代的方案。而且此書面聲明必須示知於公衆。此外，並設置環境品質委員會 (Environmental Quality Council)來負責研究環境污染的程度、成因及解決的方法，以提供美國國會立法的方向。該委員會並負責協調所有與環境有關的計劃。

同年（一九七〇年）美國國會通過一套保護環境的法案: 清潔空氣法案(Clean Air Act)制定全國空氣潔淨標準及達到標準的年限。工人安全與健康法案 (Occupational Safety and Health Act) 制定工地的空氣污染程度及安全標準。資源再使用法案(Resource Recovery Act)制定廢物再使用及較佳廢物管理的示範計劃。河流與港口法案 (Rivers and Harbors Act) 制定傾倒排泄許可制度來控制水污染。這些法案的目標是要改變一般人的生活方式及工業界的作風，以期十年後環境能恢復且維持某一潔淨程度。而聯邦政府在該年年底更進而改組增設環境保護局來全權負責執行這些法案及擬訂各項污染控制計劃。

一九七〇年之後又陸陸續續通過幾項重要的法規，來加強一九七〇年所立的法案。如一九七二年通過聯邦水污染控制法案(Federal Water Pollution Control Act)， 此法案最終目標在於恢復及維持全國水域的化學、物理及生物上的整體性，並建立污染控制技術的應用準則及規定在一九八三年全國水域必須達到可供釣魚及游泳的標準。保護水域更推廣到海洋， 同年國會通過海洋保護研究及保護區法案 (Marine Protection, Research, and Sanctuaries Act)。一九七四年的安全飲水法案 (Safe Drinking Water Act)，將水質的保護擴及至飲食用水。

毒性廢料問題隨着其嚴重性的發現而漸受重視。一九七六年國會通

過毒性廢料控制法案 (Toxic Substance Control Act) 與資源節約及再使用法案 (Resource Conservation and Recovery Act)，此兩法案制定了控制毒性廢料的程序及標準。

環境保護甚而擴及到為其他目的而立的法案中，如能源政策特別強調節約能源及發展可再使用的能源。又如交通政策中，建造公路的經費可用於建立公共運輸系統及強調改良汽車的用油量等，均直接、間接有助於環境的保護。

天然土地使用方面，因涉及各州的州權及私人土地使用權利，所以至今尚無專為土地使用規劃而立的法案。但有關土地使用的規範，則於其他法案中屢屢可見。如一九七二年通過的聯邦水污染控制法案，規定在沼澤地挖掘或填方，若對環境有不良影響，則受限制。又如一九七二年的海岸管理法案 (Coastal Zone Management Act) 提供海岸地區土地規劃基金。又如一九七三年的將絕跡生物法案 (Endangered Species Act) 規定任何聯邦工程計劃所經之地，必須保護將絕跡的生物。又如一九七七年的露天礦物開採及復原法案 (Surface Mine Reclamation Act) 制定標準來控制因採礦而挖開的土地及採礦後工地的復原工作。

關於噪音問題，有一九七二年所立的噪音控制法案 (Noise Control Act) 與一九七八年的寧靜社區法案 (Quiet Communities Act) 來加強改善城市生活的安寧。

以上所提到的法案，只是美國現行環境保護法案的綱要，在此不詳加闡釋。這些法案將隨着時間與需要而有所修正與增補，以收實效。

十年來美國環境品質的改善，雖其潔淨程度尚未完全達到法案所訂的標準，但已有非常顯着的成就。很明顯的，傳統性的污染已大大減少，籠罩在工業城上空烏煙，已大量消失，河湖、海洋的生物再度繁殖，而工廠的工作環境也有了相當程度的改善。究其原因，主要得力於

政府與民間的合作，努力執行各項法案的成果。然而這些法案本身的彼此協調，及具高度的可行性與懲誡作用，並設有全權的機構（環境保護局）來負責執行，也是環境保護成功的重要因素。

四、民意的支持

民主國家民意即為政府行政的方針。十年來美國政府不惜觸犯大公司、大財閥而積極進行環境保護，是得力於強烈民意的支持。

前面提過，在一九七〇年的民意調查顯示，保護環境被列為全國第二急待解決的問題。十年來改善環境品質一直受強烈民意的支持，促使政府不斷致力於執行環境保護。十年後的今天已有了顯著的成就，所以人們已不再視環境保護為最急切的問題，在一九八〇年的民意調查顯示，減少污染已退居為全國急待解決的問題的第六位（表一）。但仍有七〇％的人認為環境污染問題很嚴重或相當嚴重，而只有八％的人認為污染問題已不嚴重。

人們對各種環境污染問題關心的演變，可由 RFF 所作的民意調查看出（表二），十年來人們對水污染的關心一直不減，但對空氣污染的關心，則因有了顯著的改善而大大地降低。但仍有三六％的人很關心空氣污染問題。一九七〇年代末期相繼地收集到化學廢料處置不當及毒性化學品的使用所引起人類極端嚴重的疾病（如癌症、畸形兒及絕育）的統計數據。所以在一九八〇年的調查中顯示出高度的關心。有六四％的人表示對化學廢料處理的關心，而有四六％的人表示對毒性化學藥劑使用的關心。

自一九七〇年以來，人們繼續支持改善環境的努力，也可由全國民意研究中心（National Opinion Research Center）自一九七三年每年

就「我們花費在環境保護上的費用」，「太多」、「太少」或「正好」
的問題所調查的結果看出。在一九八〇年仍有四八％的人認為花費「太
少」，三一％的人認為「正好」，而只有一五％的人認為「太多」。而
這四八％的人認為花費「太少」在保護環境上，是數年調查中比率最低
的一年。在一九七三年認為花費「太少」的人曾高達六〇％。民意的支
持尚可由另一調查得知，一九七九年哈里斯（Harris）民意調查顯示出
有四五％的人要最上乘的環境品質（即使多花費），有三六％的人要低
一點標準的環境品質。另一調查也顯示民間對政府保護環境的支持，一

表二　對污染問題關心的調查

		1972年 June	1974年 April	1976年 May	1980年 Jan-Feb.	Mar
清潔水域及減少水污染	很關心	61％	51％	57％	39％	54％
	不很關心及不關心	8％	12％	9％	16％	12％
減少空氣污染	很關心	60％	46％	55％	36％	—
	不很關心及不關心	10％	15％	11％	23％	—
具危險性工業化學廢料之處理	很關心	—	—	—	—	64％
	不很關心及不關心	—	—	—	—	9％
毒性化學品之存於自然界	很關心	—	—	—	—	46％
	不很關心及不關心	—	—	—	—	20％
飲水的清潔	很關心	—	—	—	42％	—
	不很關心及不關心	—	—	—	29％	—
減少噪音	很關心	—	—	—	11％	—
	不很關心及不關心	—	—	—	68％	—

　註：一九七二年至一九七六年數據取自波多瑪克公司（Potamac Associates）所作的
　　　全國現狀調查研究報告。一九八〇年一、二月間的調查數據取自 RFF 的民意調
　　　查。一九八〇年三月的調查數據取自洛普（Roper）的民意調查。

九七九年的洛普 (Roper) 民意調查，就「環境保護法案及條例」是否「不夠」、「正好」或「過份」的問題作調查，結果有三六％的人認為「正好」，有二九％的人認為「不夠」，只有二四％的人認為「過份」。

　　由上述幾個不同的問題調查所得結果，很顯然的可以看出美國人民對環境保護，至今仍具有相當高度的熱心，由此可預見未來環境的保護，也將會繼續受到民意的支持。

五、經濟成長的影響

　　不可否認的，經濟成長是促成國家興隆，提高人民生活水準的原動力。絕大部分的人不願意犧牲經濟成長，但同時也體認到健康環境的重要性。由前面的民意調查顯示，人民願付高一點的代價購買工業產品，也願政府花錢去控制污染，以改善環境，然而在有效地控制及改善環境後，大家所關心的是經濟成長是否因而滯怠了？我們所得到的答案是：一九七〇年代，十年間全國生產毛額增加三〇％（約三千億美元），與前十年的增量略同，而在環境保護局所提的報告中指出，裝有空氣與水污染控制設備的工廠，它在一九七七年的銷售量為十八億美元，其成長率為全國平均成長率的兩倍。由此可見，若處置得當，要同時達到污染控制與經濟成長的目標，是很有可能的。

六、結　語

　　回顧過去十年，很顯然地美國正朝着一個新的方向走，但這並不表示將來的汽車不會再排出嗆人的廢氣或沒有人會再吸入導致癌症的化學品，這也不表示將絕跡的動物、植物不再面臨滅種的危險，或地球上的

資源不再面臨被人類破壞的威脅。要解決這些問題及其他環境問題，則有待於人類共同的努力。而且將來隨着國家的需要與目標的改變，還會有新的環境問題產生和需要解決的。唯有繼續朝保護環境這方向努力，才能在發展經濟的同時減少環境破壞至最低程度。

　　一九八〇年代美國環境保護的展望是樂觀的。由過去的成就，我們可以預見未來十年間環境的改善將大有可爲，因一般人民已深切了解潔淨的空氣、水源、及天然土地等資源在人類生存的生態界所扮的角色的重要性。美國人會繼續要求將來的經濟發展，必須同時兼顧環境的保護。這種強烈的觀念不僅存在法案中，而且普遍深植於政府、工商界及人民的意識中。

　　然而在八十年代的環境保護也將面臨重大的挑戰，美國人民雖一再表示他們對環境保護的關心及願付代價，但我們都知道過份的執行或操之太急，終將抑制經濟成長。尤以美國近幾年的經濟衰退，一方面力求擺脫對產油國家石油的依賴，同時正設法提高人民生活水準及控制通貨膨脹，如何在公共健康、環境保護、能源開發及經濟成長間取得最佳平衡，則爲一九八〇年代的主要課題。

第十四章　臺灣的環境問題：
現況與對策

王 俊 秀　蕭 新 煌

一、前　言

　　開天闢地以來，人類卽與其生存之環境展開「互動」，在「環境容量 (Environmental Capacity) 無限論」的假定下，人定勝天的定理造就了無數的文明，其中經過了農業、都市、工業及科技等四種革命。人類以其萬變的生活及生計型態，來對付同樣數千年前其老祖宗的環境，而人與環境間的互動已變成人的「自動」及環境的「被動」，於是乎人類挾其萬物之靈的稱號把其快樂建築在環境的痛苦上，無言的抗議終於演變成「大地反撲」，當人們發現由反撲而來的環境問題已經有長時間的累積且頗具嚴重性時，「環境尷尬期」於焉來臨，許多國家正面臨這種時期，而我國亦然。解決環境問題，科技固然重要，但還有一段期間其所提供的方法是「你丟我撿」之型態，重在治標，如從長遠的觀點來看，應配合社會科學的方法才有可能達到治本之道，諸如環境社會學、環境心理學等。本文由環境問題的現況開端，進而由社會科學的角度論大眾意見之覺醒、環境行政、民間環境保護組織，最後嘗試提出對策的

芻議。

二、臺灣環境問題的現況

　　廣義的環境問題即是一種成長的問題，包括人口、經濟、消費及污染的成長；我國人口密度每平方公里四九二人，僅次於孟加拉，居世界第二位，在全世界一百二十五個地區及國家中，我國面積排名第一一一名，而人口數排名第三十八名，人口爆炸可稱形容我國人口成長之概況，雖然家庭計劃推行之效果，我國之人口自然增加率由民國四十一年的千分之三十六降至民國六十九年的千分之一八‧一，此成果在六十三個開發中國家裏，與香港、墨西哥及土耳其列為前四名（見表一）。一般而論，在開發中國家，人口與環境破壞是成正比的，由環境社會學的觀點而論，此時所謂的人口是「環境影響人口」(Environment Impact Population, 簡稱 EIP) 一個國家人口雖少，但其 EIP 之比例高時，環境破壞及污染之程度愈烈，EIP 的多少是依各國之教育，觀念、風俗習慣而異，例如我國亂丟煙蒂、吐檳榔汁之風尤盛，人口雖是千把萬，可是環境影響人口可能佔很高的比率。

　　我國的經濟成長是有目共睹的，由民國四十一年的五十美元增至民國六十九年的二千二百八十二美元，成長了有四四‧六倍其中尤以工業部門的成長為迅速，工業生產是我國經濟成長的大功臣，但同時也因而促使了「外部不經濟」——環境污染。由以上之人口及經濟之成長，消費之成長更是理所當然，三十年來，私人汽車增加了七五‧三倍還有愈趨成長之勢，好像「石油危機」是別人家的事。我國的海外石油依賴度已高達九八‧六％，而節約能源却只掛在嘴上，最近有人進口一萬三千ＣＣ的小汽車，顯示「暴發戶心態」已嚴重的侵蝕我們的社會，增加社

表一　發展中國家一九六〇～一九七七，人口增加率
降低千分之十以上及以下比較表

相關社會階層	個人 GNP (1977)	政府的家庭計劃政策		
		有該政策且效果很好	有該政策但並無多少效果	未有該政策或有該政策而招反果
高	1000美金以上	中華民國、香港、墨西哥、土耳其	巴西、伊拉克△智利、委內瑞拉	阿根廷
	250-1000美金之間	哥倫比亞、馬來西亞、多明尼加、菲律賓、大韓民國	古巴、秘魯、厄瓜多爾	北韓、敍利亞△
	250 美金以下	斯里蘭加（錫蘭）		
中	1000美金以上	伊朗	阿爾及利亞△南非共和國△	沙烏地阿拉伯
	250-1000美金之間	中共、埃及、瓜地馬拉、肯亞△、印尼、迦納△、摩洛哥、泰國、突尼西亞	尚比亞△津巴布威△	玻利維亞△喀麥隆△
	250 美金以下	印度、巴基斯坦△越南	蘇伊△	緬甸馬達加斯加△
低	250-1000美金之間	塞內加爾△	奈及利亞△、蘇丹△、烏干達△	安哥拉△、象牙海岸△、葉門阿拉伯共和國
	250 美金以下	孟加拉△尼泊爾△	阿富汗△馬利△海地△坦桑尼亞△	幾內亞△、上伏塔△、馬拉威△、尼日△、莫三鼻給△、高棉△、衣索匹亞△

資料來源：World Bank, World Development Report, 1978, 1979 ㊀此社會階層以各種指標計算而來，如成人識字率、入學率、小孩死亡率、非農業之活動、個人 GNP 及都市化程度等。
△為少於千分之十者。

會成本的負擔。我國在六十九年度花在筵席上的費用超過一百億元，其中臺北市爲五十九億八千五百多萬元，佔了大半以上，這些活動同時也產生了不少垃圾，由垃圾的成份中，我國廚餘的比例比外國高二倍以上，可見「中國人好吃，外國人好用」。如果把生活品質區分爲「生活實質」及「生活氣質」，則消費成長是屬於生活實質的，在我國生活實質愈高，生活氣質反而愈低，都市中人情沙漠化，個人泡沫 (Personal Bubble) 縮小，自我防衞增強，犯罪多樣化等，導致「都市氣氛」惡劣，匿名性的高漲及「不差我一人主義」的盛行，更助長了下述之污染成長。

空氣污染由民國五十四年高雄東南化工廠排放二氧化硫事件至六十九年之仁武工業區氯外洩事件，造成一人死亡六六七人受害之慘劇，各地肺氣腫、哮喘及支氣管炎之發病率也大爲提高。都市交通所引起的空氣污染尤其嚴重，臺北市每公里道路可排三五〇輛大小車子（包括摩托車），柴油車排黑煙，汽油車大放一氧化碳，中山北路的一氧化碳濃度有時高達四〇 PPM ，因此臺北市的空氣污染有九一‧六％來自汽車。加上道路率又少，綠地更少，於是污染更加嚴重（見表二、表三）。

表二 世界各都市之車輛數及道路率

都　　市　　名	A. 輛／市面積	B. 道　路　率
臺　北　市	1,515	5.16
東　京	3,933	13.6
倫　敦	1,455	23.0
巴　黎	1,372	26.0
紐　約	2,068	35.0
華　盛　頓	—	43.0

註：資料來源——東京都市計劃書一九七七年

表三　各國主要都市公園面積狀況

(m2/人)

國　　名	都　市　名	每人面積	國　　名	都　市　名	每人面積
中華民國	臺　　北	1.3	瑞　士	日　內　瓦	15.1
日　本	東　　京	2.11	義大利	羅　　馬	11.4
	京　　都	2.2	挪　威	奧　斯　陸	14.5
新加坡	新　加　坡	4.0	丹　麥	哥本哈根	10.7
韓　國	漢　　城	1.5	瑞　典	斯德哥爾摩	68.3
	釜　　山	3.5	荷　蘭	阿姆斯特丹	18.6
美　國	洛　杉　磯	18.9	土耳其	安　卡　拉	47.9
	費　　城	16.9	澳　洲	塔　培　拉	70.5
	華　盛　頓	40.8		墨　爾　鉢	2.2
	芝　加　哥	8.1	法　國	巴　　黎	8.4
加拿大	蒙　特　婁	11.4	西　德	西　柏　林	15.7
巴　西	巴西里亞	22.1		科　　隆	60.0
波　蘭	華　　沙	73.5			

資料來源：①環境統計要覽（一九六七）
②臺北市為一九七九年資料
③環境情報科學九一四、頁四九
④東京都市計劃書。

　　我國由於工業及城鎮區集中於西部平原地帶，因此河川下游普遍受到汚染。民國六十八年因為水汚染而受害的一期稻作共二○二七公噸，受害的魚、蛤及牡蠣有一一四三○公噸，屏東縣林園鄉由於地下水受汚染，而於自來水中發現亞硝酸氨氮致癌性物質，鄉村地區的井水仍有受砷汚染的危險，而以氯來消毒都市自來水，過量也會產生三氯甲烷致癌性質。

　　噪音影響生理、心理愈鉅已是不爭的事實，去年的一項臺北市十二所國中之調查時，有三‧八％有聽力障礙，交通噪音、工廠噪音及市街噪音為主要來源，而家庭噪音也漸成問題，你認為是「天籟之音」，鄰居却不以為然，甚至無法忍受，國外的音響、鋼琴殺人事件到國內的練習聲樂遭鄰居持斧砍傷事件，都顯示噪音的嚴重性。據一項測定，臺北市交通要道的噪音平均為八十五分貝，娛樂場所為八四‧六分貝，都足以使人肝火上昇，增加社會上的衝突事件。

　　我國垃圾量由民國五十四年每千人六〇‧九公噸增加至民國六十九年的每千人一七三‧四公噸，每日產生的垃圾量約為七千公噸，其中有百分之五十四使用掩埋或倒棄，這些垃圾堆積如山，滋生蚊蠅，除了產生惡臭及視覺污染外，還由其滲透水污染土壤及地下水。尤其土壤污染今演變成「殺人的地表」，不可不懼。

　　民國六十八年，我國進口五十四公噸水銀，大部分用於碱氯工業，其流失量即為三十七公噸，民國六十九年，曾有一項對有關水銀作業員工的調查，測定其血及尿的汞含量；發現血汞濃度超過警戒水準者達二‧一四％。

　　另外，化粧品及食品污染亦更形表面化，為了提高及加速療效，加重汞鹽之含量，以致導致皮膚組織受損而成黑皮病，使受害者的心理及容貌永遠蒙上一層陰影，我國的化粧品公害主要來自地下工廠，不但逃稅且不受政府管制，因此調查含汞鹽量時，常有超過標竿（千分之一）達二十多倍者，目前我國有四百家合法廠商，却有二千家地下化粧品工廠。食品污染也由於我國人飲食習慣的特性而增加受污染的程度，例如中國人喜「進補」，食用之心、肝含砷量為肌肉部分的二百倍以上，而硼砂的使用也威脅着食品的安全，目前我國的食品添加物一共有十七大類，三百七十種。

　　上述之各種數字構成今日我國的環境問題，面對這些問題，科技以外的解決步驟及民衆的反應如何呢？誠爲一重要的問題，基本上，由「人類特殊論範式」(Human Excepionism Paradigm) 朝向天人合一的「新環境範式」(New Environment Paradigm) 是絕對必要的（請參考蕭新煌社會學與「環境」乙文）。

三、大衆的意見及覺醒

　　污染受害的事實及其傳播的擴大，曾經以爲是別人家的事，不知不覺也變成自家的事，水污染又能在其看不見的地區進行，豈能不心存警覺，空氣污染甚至演變成「看得見」的地步，噪音更是和都市生活形影不離。污染已威脅到日常生活，縱使不是深懂環境者，或受害者，也不得不有環境警覺 (Environmental Awareness)。這種力量的滙集當然和最近發生的多氯聯苯事件有深厚的關係，這一種明知遲早會發生的事情對受害者而言仍是晴天一陣雷，生理、心理的損傷不是賠償就能了事的，此事件對其他民衆的震盪乃是：污染無所不在，何時臨身，無人可知。污染的防止變成休戚相關的事，在地球的人都應有此種體認，更何況在寶島臺灣。此種覺醒力量的日益普遍將有助環境管理，環境行政法令等的加速進行，以早日度過「環境尷尬期」。可惜此種力量是分散的，需要有健全的組織來加以引導，才能免除「無軌火車」的弊病。在這些有所覺醒的人之中，知行未能合一之現象應值得探討，爲了現實等因素，明知污染之危害而仍繼續製造污染者仍大有人在，這也就是所謂的「環境警覺過渡期」。

　　不管如何，大衆的意見可作爲環境警覺度的一個指標，有關環境問題的民意調查在我國仍爲起步階段，尤其全國性的調查甚少，民國六十

表四　公害被害感

項　　　　　目	百　　分　　比
噪　　　　　音	41.46%
空　氣　污　染	40.60%
水　　污　　染	14.67%
其　　　　　他	3.27%

四年衞生署曾委託中華民國民意測驗協會辦理「公害被害感」調查，在
臺北市（代表混合區），臺中市（代表住宅區）及高雄市（代表工業區）。
結果顯示噪音最不能讓民衆所接受。另有一「臺灣地區環境品質調查」
正由行政院衞生署主持進行中，樣本數有二千，以臺北地區爲比較區，
臺中、高雄爲對照區，結果如表五，臺灣地區剛好及格。

表五　臺灣地區環境品質評分表

地　　　　區	評　　　分
臺　北　市	59.2分
臺　北　縣	60.4分
臺　中　地　區	73.2分
高　雄　地　區	58.4分
臺　灣　地　區	60.5分

　　臺北市研考會所作之臺北市市民意願調查中,調查人次四九三七人,
分三十二大類,其中有一項有關公害防治類,排名第五名,顯示環境警
覺的高昇,前四名爲①交通問題之改善, ②排水防洪之問題, ③警政服

務水準，④通路設施及路燈照明，其中①②④和公害防治亦脫不了干係，公害防治項目下又分成七類，其中以垃圾處理之呼聲最高，而水污染防治敬陪末座，請見表六。

表六　公害防治項目調查反映表

項　　　　目	問 答 率（%）	名　　次
危 險 品 管 制	6.3	6
空 氣 污 染 防 治	12.9	3
水 污 染 防 治	2.8	7
噪 音 管 制	10.6	4
垃 圾 處 理	46.6	1
違 章 工 廠 管 制	13.5	2
改 善 污 水 下 水 道 系 統	7.7	5

　　除了都市環境的民意調查，農發會委託之農村土地利用及社區發展規劃中亦有農村環境的民意調查，如果假設今日的農村是明日的都市，則爲了避免都市化過程中許多環境問題的發生，用預防重於治療的觀念來迎接卽將起飛的農村是當務之急，本項調查採用環境心理量表，訪問一百六十三位，又分成戶長、家庭主婦、學生及在外工作者四種樣本，心理量表有三十五題，每五題有一種導向，散處於量表之中，各樣本及總導向悉見表七、表八，自然保全及美（淨）化環境導向高居二、三位也說明了「農村等於自然」的時代已經過去，其中尤以水污染最爲農民所詬病。

　　不管都市或農村，由大衆的意見可知我國環境警覺的認知已漸漸提高，另外傳統農村的膠囊意象（Capsule Image）也因而有所突變。

表七　各樣本導向表

項　　　　　目	戶　　　長		家庭主婦		學　　　生		在外工作者	
自　然　保　全	5.88	2	3.77	5	4.84	3	5.67	1
工　業　發　展	5.63	3	3.94	2	3.57	5	3.74	5
實　質　建　設	5.01	5	3.78	4	4.42	4	4.59	3
美（淨）化環境	5.46	4	3.85	3	5.28	2	4.37	4
農　業　本　位	4.04	6	3.10	6	2.73	7	2.68	7
向　心　力	6.10	1	4.25	1	5.68	1	5.01	2
離　　　村	3.89	7	2.92	7	3.19	6	3.31	6

附註：得點數為兩種加本人得點的平均值。

表八　總導向表

項　　　　　　　目	得　　　點	順　　　序
自　然　保　全	5.09	2
工　業　發　展	4.03	5
實　質　建　設	4.37	4
美（淨）化環境	4.96	3
農　業　本　位	3.07	7
向　心　力	5.22	1
離　　　村	3.28	6

四、政府之環境行政

我國有些早年環境保護的法規因時過境遷，徒成具文，民國六十年

後，陸續新訂或修正有關法規。表九中有各國及地區環境法規比較，亦可看出環境行政的腳步略顯緩慢。曾經主辦環境行政的機關各依防治對象來列分，如以中央級為例來說明的話，則空氣污染之防治歸行政院衛生署，水污染防治歸經濟部水資會，噪音管制及飲食攤販管理歸內政部警政署，垃圾處理歸衛生署等。綜合而論，行政院衛生署算是主管機構，因此已由行政院通過將環境衛生處改組為「環境保護局」，並於民國七十一年一月二十九日成立，共分六組，將有二百多位成員，並特設研究員，以結合學術與行政。省市分置環境保護局及課，正進行立法程序中。

除了各防治對象之主要法令外，另訂施行細則，各級政府並依規定分別公佈各項環境品質標準，排放標準等從屬法規二十二種。民國六十八年底，共劃定十九縣市之污染管制區，並有空氣污染防治監視站一二八站及水污染防治監視站七十九站。

因環境污染而成訴訟者較少，彰化縣花壇窯廠污染事件為第一宗案件，大都採取陳情和解或私下賠償，在有污染性工廠滲之農田，經過私下協商後，每年或每季由廠方付出一定的費用。動輒上法庭在我國被認為不是一件光榮的事，能大事化小，小事化無，則兩全其美，也就是此種觀念，而擴大了污染的層面，許多的污染事件未能及時發現防治，反變成了私相受授，污染內部化了。

五、民間環境保護組織

在環境尷尬期間，民間的環境保護運動也值搖籃期，在關心環境保護的民眾及有心從事環境保護運動者未達關鍵數 (Critical Mass) 時，環境保護的民間組織也「緊急」不起來，要能像美國的席拉俱樂部

表九 各國環境法規比較表

項目	基本法	主管機構	空氣污染防治	水污染防治	廢棄物處理	噪音管制	食品衛生、其他振動、自然保護
中華民國		行政院衛生署環境保護局（1981）	空氣污染防治法(1975) 中華民國臺灣地區環境空氣品質標準（1975）	自來水法 (1966) 工場廢水管理辦法(1970、1974) 水污染防治法（1974）	廢棄物清理法（1974）	臺灣省各縣市噪音管理取締、實施辦法(1959) 噪音管制（立法中）	臺灣省環境衛生管理規則 (1967) 農藥管理法 (1972) 食品衛生管理法 (1975)
日本	公害對策基本法(1967、1974)	環境廳（1971）	濃煙排出規制（1963） 大氣污染防治法(1968、1974)	下水道法(1957、1962) 水質污濁防止法 (1971) 海洋污染及海上災害防止法 (1970、1976)	清掃法（1954） 廢棄物處理法(1970、1976)	噪音管制法 (1968、1970) 公開飛機場周圍飛機噪音防止法(1967、1974)	振動規制法 (1976) 惡臭防止法 (1970) 自然環境保全法 (1973) 食品衛生法(1947、1972) 公害紛爭處理法(1972、1974)
新加坡	環境衛生管理法(1968、1974)	環境發展部(1972)	空氣清潔法 (1971)	水污染防治及排水管理法 (1975)			食品銷售法 (1973)

國							
美	國家環境政策法 (1969)	環境保護署 (1970)	空氣清潔法 (1963、1977)	河川及港灣法 (1973) 聯邦水污染防治法 (1973、1977) 安全飲用水法 (197、31977)	清除法 (1899) 廢棄物處理法 (1965)	噪音防治法	自然保護法 (1972) 毒性物質管理法 (1976) 聯邦殺蟲劑農藥管理法 (1949、1978) 食物、藥品、化粧品 (1938)
法	1917年12月19日法令危險、不衛生及令人不快設施管制法 (1961修正)	環境及自然保護部 (1971)	1961年8月2日空氣污染防治法	1964年12月16日水污染防治法		1969年4月18日噪音管制法	1976年7月10日自然保護法
英	公共衛生法 (1961)	環境部 (1974)	空氣清潔法 (1956、1968)	河川污染防止法 (1961) 水資源法 (1963、1968)	垃圾法 (1958)	噪音防治法 (1960)	田園法 (1968)
西德	公害防治法 (1974)	內政部聯邦環境保護局 (1974)	空氣清潔維持及污染預防法 (1965) 汽油、鉛法規聯邦最大忍受量法 (1974)	水秩序管理法 (1968) 廢水排除法 (1980)	垃圾處理法 (1972)		

東德	國土文化法 (1969)	環境保護及水管理部	空氣清潔法 (1971)	水保護利用、維持及防止供水災害法 (1963)	農林土地利用法(1964) 自然保護法 (1954)
波蘭	地域計劃法 (1961)	地方經濟之環境保護部	空氣保全法 (1966)	水質法 (1962、1974)	食品衛生營養管理法 (1928、1970) 國家衛生監督法 (1954) 農地、森林保護及土地改良法 (1974) 森林法 (1973)
中共	環境保全法 (1979)	「國務院環境保護指導局」		漁業、水質基準 (1979) 農用地灌溉用水質基準 (1979)	

註：①資料來源蕪秒坡，有不全之處，僅供參考。

②括號內年代，先者為法令公布年，後者為修正年。

(Sierra Club) 及地球之友會 (The Friends of the Earth) 般的具有
實質影響力還得一段時間，但也是我們的目標。

　　目前環境保護的組織有: ①中華民國環境保護學會，和各種學會性
質類似，作的是研究工作，出版學刊及舉辦演講、會議等，和衞生署的
關係密切，較不具有民間組織的性質，當然缺經費、人員等也是和一般
學會所有的共同問題。 ②中華民國環境衞生協會， 爲產業界支持的協
會，性質類似政府與產業界間的一協調組織。③爲消費者文教基金會，
在消費者保護運動上有聲有色，已受不少民眾的支持，防止食品污染上
有所作爲， 其他污染方面則由於人力、財力未便介入。④中華民國動物
保護學會。以上四者眞正具有民間性質者恐怕只有文教基金會，未來路
途雖還遙遠，但至少方向走對了。

　　其他則多爲學術或研究機構，如臺大環境工程研究所，成大及中興
之環境工程系，各校大氣物理等系，東海環境科技研究中心及逢甲、東
海之環境科學系等，另外高雄醫學院及師大公共衞生系也作有關環境保
護之研究。至於出版刊物，除了衞生署及有關環境保護及污染防止之機
關有自行研究或委託研究之刊物外，學會有學報之發行，各系所亦有其
自行出版之年報、系刊等，另外東海環科中心所出版之「環境科學雜誌」
也以季刊方式出版，現已出版至第五期。

　　在大眾傳播媒介上、報紙也對環境保護有所貢獻，尤其是民生報，
但像多氯聯苯事件，當然各報競相刊載，也間接、直接增加了許多關心
環境人士 (environment educated)，對環境教育有所貢獻，而電視有
關環境之教育較不具連續性，缺少一系列的追蹤報導，透過大眾傳播系
統來報導有關環境的訊息，對於生存其上之人們是一種義務，也是一種
社會責任。

六、對策及結論

解決環境問題在經濟成長過程中似乎是一種阻礙，但是如果我們現在不作，將來想作恐怕都沒有機會了，因為我們生存之環境只此一家，別無分店，以如下之對策似乎可加以考慮應用：

(一) 矯正及教育國人有關環境的觀念：

如果教育是百年大計，則環境教育更是大計中之大計，要藉着教育來讓國人知道：「我們生存的環境是向後代子孫借用的，而非繼承自我們祖先。」學校、社會及大眾傳播系統都應檢討發揮其教育功能，三臺聯播的電視時間可製作「醜不勝收」節目讓大家知道污染的嚴重性。傳播界也應設立檢查制度 (Media Gatekeeper) 以防過份誇大事實，影響視聽。另外都市的空氣污染及噪音指示牌尚未具有教育效果，至少應說明 PPM 或分貝代表何意，到何種程度對身心有何種影響，否則指示板會變成都市的裝飾品罷了。

(二) 加強環境外交以防範污染輸入：

PCB 事件在十年前已發生於日本，如今又發生「複印事件」，增加無謂的受害，另有甚多有毒貨品由國外向東南亞傾銷，此種殺人不見血的「文明暴行」，環境保護局、文教基金會及商品檢驗局之功能有待強化以抗污染輸入。

(三) 建立社會福祉 (生活素質) 指標的制度：

GNP 已不能代表真正的生活品質，應研究國民社會福祉 (NSW) 及

國民生活品質毛額 (GNW) 等指標，特別是有關生活氣質之指標量化問題，這些都能計算出因污染而使社會各層面及國民受害之程度或由於良好的環境利用及管理使國民及社會獲得之利益，藉而顯示環境保護之成果。

（四）使環境影響評估 (EIA) 制度化、中國化：

此種制度的精神值得保留，作法則須配合國情使其更簡單而有效，美國的環境影響評估報告書 (EIS) 平均每件要花七——九萬美金，由三個月到一年半不等，還有數年爭執不下者。其中社會影響評估 (SIA) 特別重要，翡翠水庫的 EIS 中，採用環境影響度 (EIU)，結果人文社會方面是負十九點一五，社會受影響之大可想而知。

（五）有能確實執行之法令作依據：

有法令作後盾，則環境保護效果便是事半功倍，我國目前仍缺一母法，當配合臺灣地區環境保護方案，研究類似美國之國家環境政策法 (NEPA)，另外配合國家賠償法，研立「污染被害救濟法」也是當務之急，為了防止污染輸入，「毒性物質管理法」也應制定以符現況，單為了防止因公害而起的糾紛，制定公害糾紛處理法也是時機了，總之，法令之制定雖重要，但能依法執行才眞正能發揮法治的精神。

（六）人口的控制及減低「環境影響人口」(EIP 的比例)

人口控制的方向在於抑量揚質，如此亦是 EIP 比例減低的直接途徑，更由於近來醫藥發達，平均壽命大為增加，提高人口品質更是刻不容緩。

人口愈衆，科技愈進，污染也多樣化起來了，而且已超越國界，解

決環境問題也不再是國內問題了，因此我們更應善待賴以生存的環境，使我們所需的開發與成長符合「生態社會化」，把長期的災害最小化，則將能達到我國「萬物並育而不相害，諸道並行而不相悖」之最高境界了。

參 考 書 目

Lester W. Milbrath *"Environmental Values and Beliefs of the General Public and Leaders in the United States, England and Germany."* Environmental Studies Center, State Univ. of New York at Buffalo, 1980.

Armand L. Mauss *"Social Problems as Social Movements,"* J. B. Lippincott Company. 1975.

蕭新煌　社會學與「環境」: 環境社會學的基本看法, 思與言, 十八卷二期。一九八〇。

王俊秀　環境評估及其社會觀, 思與言, 十八卷二期。一九八〇。

王俊秀　泛論自然環境保護及災害, 環境科學雜誌一卷一期。一九八一。

王俊秀　談學術研究之整合及實用, 時報雜誌六十二期, 一九八一。

王俊秀　由死長背影論環境保護的策略, 時報雜誌第二屆評論文獎。

王俊秀　中外污染問題之比較研究, 東海環科中心。一九八一。

王俊秀　由環境心理學看人與環境的互動, 輔大社會展望。一九八一。

王俊秀　生活環境指標的都市比較及應用, 二次全國指標會議。一九八一。

王俊秀　農村環境管理計劃, 農發會。一九八一。

八、犯罪問題

第十五章 美國的犯罪問題分析

蔡 文 輝

一、幾項統計數字

在美國所有的社會問題裏，大部份的美國人都認爲犯罪問題可能是最嚴重的，也是最直接影響美國人生命和財產的問題。現在讓我們先來看看幾項統計數字以說明美國犯罪問題的現況： ❶

根據美國聯邦調查局的報告， 在一九六九年至一九七八年的十年間，犯罪總數由四百八十五萬四千七百二十四件劇增至五百三十四萬二千二百四十六件。其增加率爲百分之十，如果我們把幾項比較重要的犯罪行爲拿來比較，則表一所列幾項是值得注意的。在這十年間，謀殺犯罪者增加百分之二三，強姦犯罪者增加百分之六七，搶刧犯罪者增加百分之二九，傷害犯罪者增加百分之六六，偷竊犯罪者增加百分之四五，

---

❶ 美國有關犯罪統計資料來源，最主要的要算聯邦調查局的統一犯罪報告 (Federal Bureau of Investigation, Uniform Crime Reports)。這報告的資料來自全國各地警察機構，相當完整。雖然有些人批評這報告資料顯得低於實際發生案件，因爲有些罪警察是不知道的。

侵佔犯罪增加百分之四二，偸車犯罪增加百分之四。

如果以一九七八年的總人口做比較則每十萬人口中，就有謀殺犯九人，強姦犯三十一人，搶刼犯一九一人，傷害犯二五六人，偸竊犯一四二四人，侵佔犯二七四四人，偸車犯四五五人。

另外一個值得注意的發展是在這十年間，強姦犯增加率最高，傷害犯次之。前者可能與性的氾濫有關，黃色書報雜誌，成人電影等之流行都可能直接間接的造成強姦意圖與行爲；後者可能是武器廣泛運用的後果。

表一　美國犯罪率之增加

(1969～1978)

		每十萬人口中	增　加　率
謀	殺	9	23%
強	姦	31	67%
搶	刼	191	29%
傷	害	256	66%
偸	竊	1,424	45%
侵	佔	2,744	42%
偸	車	455	4%

(資料來源：FBI統一犯罪報告，1978年)

根據聯邦調查局的報告，其他次要的犯罪裏，從一九六九至一九七八的十年內，縱火增加了百分之四七，詐欺百分之一〇四，收購贓物百分之九三，娼妓百分之七一，毒犯百分之九九，酗酒開車百分之八四；有顯著減少傾向者計有：酗酒百分之四六，毆打妻子女百分之四八，聚

賭百分之三十三。如果以年齡來比較，這十年內，娼妓犯以十八歲以下者增加最顯著，其增加率是百分之二百，十八歲以上者只增加了百分之六七·八，酗酒開車也是十八歲以下者增加得多，增加率爲百分之二八九·九，十八歲以上則增加百分之八二·六。

　　單以一九七八年的資料來看，則上述各項犯罪之比例分配爲：財產犯佔百分七九·四，暴力犯佔百分二十·六，財產犯是指偸竊、侵佔、偸車等，暴力犯係指謀殺、強姦、搶刼、傷害等。各單項之百分比見表二：

表二　各項犯罪之百分比

(1978)

	(%)
暴　　力　　犯	20.6
謀　　　殺	4.2
強　　　姦	6.3
搶　　　刼	31.7
傷　　　害	57.8
財　　產　　犯	79.4
偸　　　竊	28.2
侵　　　佔	62.9
偸　　　車	8.9

（資料來源：同表一）

可見暴力犯裏，傷害及搶刼最多；財產犯裏侵佔及偸竊最多。

　　以性別來說明，一九七八年的資料顯示男的佔百分之八四·二，女的佔百分之十五·八。如果單以七項主要暴力和財產犯來比較，則男的

為百分之八〇·一，女的百分之十九·九。詳細分配情形，讀者可參考表三所列各項百分比：強姦罪幾乎清一色是男的罪，女性參與較高者為侵佔罪。一般來講，還是男性犯罪率高。

表三 性 別 比 較

	男	女
暴 力 犯	89.8%	10.2%
謀　　　殺	85.9%	14.1%
強　　　姦	99.1%	0.9%
搶　　　刼	93.0%	7.0%
傷　　　害	87.3%	12.7%
財 產 犯	77.6%	22.4%
偷　　　竊	93.6%	6.4%
侵　　　佔	68.7%	31.7%
偷　　　車	91.7%	8.3%
暴 力／財 產 和	80.1%	19.9%
犯 罪 總 數	84.2%	15.8%

（資料來源：同表一）

都市的犯罪率比鄉市地區為最，特別是人口大量集中的大都會區。根據表四資料，大都會區內，每十萬居民中平均約有五八七〇人犯罪，其他都市地區為四三六三人，但是鄉村地區則只有一九九七人左右。最明顯的對比是在侵佔罪、搶刼罪、偷竊罪及偷車等❷。

❷ 有關都市犯罪等問題可參閱: Arline McCord and William McCord, *Urban Conflict*. Saint Louis: Mosby, 1977. *National Commission on Urban Problems*, Building the American City Washington, D. C.: U. S. Governmental Printing Office, 1968.

　　都會區人口眾多而且又複雜，人與人的關係比較緊張，而且社會對
人們的控制力量不像鄉村地區那麼強烈，而且犯罪機會及工具亦較多，
犯罪率自然高。這都可以從表四看出，一般來講，地區越大，暴力犯越
多。

表四　都市與鄉村比較

(1978)

（每十萬人口）	都 會 區	鄉 　 村	其 他 都 市
暴 力 犯	583.9	174.8	285.4
謀　殺	9.9	7.5	5.2
強　姦	36.7	14.0	15.7
搶　刼	241.2	20.9	50.1
傷　害	288.1	132.3	214.4
財 產 犯	5286.3	1997.9	4363.9
偷　竊	1626.7	746.3	1031.7
侵　佔	3101.1	953.3	2812.4
偷　車	558.6	123.5	234.5
計	5870.2	1997.9	4363.9

（資料來源：同表一）

　　如果以地區來分析，西部各州的犯罪率最高，東北各州次之，南部
各州再次之，北中部各州最低。單項分析，謀殺犯以南部最高，強姦則
以西部最高，搶刼以東北部、傷害以西部、偷竊以西部、侵佔以西部、
偷車以東北部為最高。

　　以年齡來分析，上述七項主要犯罪裏有百分七二‧三是二十五歲以
下的人幹的，其中暴力犯的百分比是五七‧五，財產犯是七六‧二，事

實上，四十歲以上的人犯罪就隨年齡的增加而逐步減少。尤其是六十歲以上者則更不超過百分五以上。

　　以種族差別來分析，則白人佔百分六三‧一，黑人佔百分三十三‧九，印第安人佔〇‧八，華僑佔〇‧一，日僑佔〇‧一，其他種族佔二‧一。白人犯的以財產犯居多，佔百分六六‧四，黑人只佔百分三十‧七，但在暴力罪上，白種人和黑人幾乎均等。其中謀殺罪和搶刼罪以黑人居多。表五是以黑白為主的比較，讀者可參考。

表五　種族犯罪比較

1978（百分比）

	白	黑	其　　他
暴　力　犯	50.3	46.2	3.5
謀　　殺	46.5	49.4	4.1
強　　姦	48.4	48.3	5.3
搶　　刼	37.7	58.7	3.6
傷　　害	57.7	39.0	3.3
財　產　犯	66.4	30.7	2.9
偷　　竊	68.0	29.0	3.0
侵　　佔	65.3	31.9	2.8
偷　　車	68.6	27.2	4.2
合　　　計	63.1	33.9	3.0

（資料來源：同表一）

　　另外，有一項資料也許是可供讀者參考的。根據一九七七年的資料，該年被謀殺者有將近一半（百分四八）是死於手槍，另外有百分十

九死於刀劍等利器。今年三月間雷根總統被刺後一段時間，管制槍枝的
呼籲震天，但似乎是雷聲大雨點小，看來也將不了了之。尤其雷根本人
又反對槍枝管制法，使此法案通過的機會更少。

二、社會管束與法律制裁

美國是一個法治國家。無論大小事情，總可以引經據典的找到法案
來處理。這也就是為什麼法律難懂，只好靠受過專門訓練的律師來辦理
的最大原因。因此律師法官的社會地位高，收入豐盛，並躋身政界。不
過這不在本文討論範圍內，暫且不提。

有完整的法律制度，又有科學的儀器，那麼捕捉人犯應該沒有問題
吧？並不見得，根據一九七七年各種主要罪的破案率；謀殺百分七六，
傷害百分六二，強姦百分五十，搶扭百分二十六，偷竊百分十六，侵佔
百分二十，偷車百分十五，可見破案率之低，尤其是財產犯罪更低。而
在這一小羣被逮捕的人當中，只有大約三分之一的犯人得到應有的罪名
判決。換句話說，有三分之二的犯人並沒得到應有的懲罰。當然，這中
間，有些是當初警察誤捕者，有些可能是證據不足只好放了，有些則是
受害當事人不願控告，有些也可能是因為法律上的程序問題放的。不管
怎麼樣，真正到後來被判有罪的是少而又少。即使被判有罪，法官也可
能只給緩刑、罰金、或交付管束，這些人不必進監獄受刑，我們把這個
過程用下圖簡單表示出來供讀者參考❸。

---

❸ 參閱Abraham S. Blumberg, *Criminal Justice: Issues and Ironies.* 2nd ed.
N. Y.: New Viewpoint, 1979, p. 188。此外，讀者亦可參閱: Gresham
M. Sykes, *Criminology.* New York: Harcourt Brace Jovanovich, 1978
以及 David Peterson and Charles W. Thomas, *Corrections: Problems
and Prospects.* Englewood Cliffs. N. J.: Prentice-Hall, 1975.

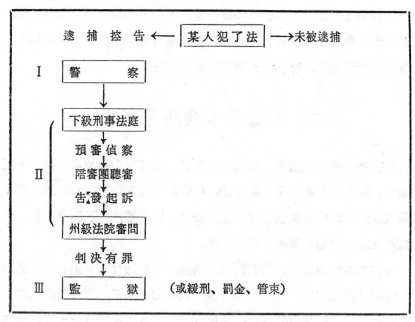

圖一　罪犯之審查判決程度

解釋:

在階段Ⅰ，警察可能還是把犯人放了，理由包括: 證據不足，受害者不願
提告訴等。

在階段Ⅱ，犯人可能被釋放。如果: 因證據不足，或其所犯罪名太輕。

在階段Ⅲ，犯人仍不一定要坐牢，因法官可能判緩刑，易科罰金，或交付
管束等。

　　美國法學及犯罪學界對美國刑事法的觀點主要可以分爲兩派: 一派
認爲法律是社會規範的文字形象，用以維持社會安寧並管束那些違反社
會規範者 。 因此法律及其執法者應超出社會個人或團體利益和衝突之
上，公平執行。另一派的看法則認爲法律是社會裏有權有勢者用以壓制
貧苦下等人民的一種工具手段， 因爲法律是人爲的產品， 不是神的意
志。旣然是人爲的，則擁有立法的一小羣人自可利用法律來保護其本身
利益並壓抑其他團體和個人。

　　以一般老百姓來講，大多數的人都認爲美國警察工作認眞負責，特別是白種人和年紀大的老年人。但是年輕者和黑種人對警察的評語則較低。❹ 相反地，美國人對聯邦調查局的評價則有直降的趨勢，根據蓋洛普民意調查，給聯邦調查局高評價的在一九六五年有百分八四，一九七〇年降至百分七一，一九七三年再降至百分五二，而在一九七五年則更降至百分三十七。這跟聯邦調查局所施用的手段有關，而且老百姓近年來更發現其與政客勾結的事實與證據。

　　美國制裁犯人的方法到底有沒有效，一直是爭論的中心之一。因爲篇幅的關係，我無法多加討論，只想提供下表以供參考：

表六　四年內重犯者

偷	竊	犯	81%
搶	刼	犯	77%
偷	車	犯	75%
強	姦	犯	73%
傷	害	犯	70%
侵	佔	犯	75%
謀	殺	犯	64%

（資料來源：同表一）

---

❹ 有關對美國警察評價和態度之研究，讀者可參考下列報告：Elaine Cumming, et. al., "*Policeman as Philosopher, Guide and Friend*," Social Problems 12 (Winter, 1965), pp. 276-286 Albert J. Reiss Jr., The Police and Public, New Haven: Yale. 1972, Stan L. Albercht and Miles Green, "*Attitudes Toward the Police and the Largen Attitude Oomplex*," Criminology 15. (May), pp. 67-86, 1977.
G. A. Kreps and J. M. Weller, "*The Police-Community Relations Movement*," Behaviorial Scientist, 16: 402-12

表六是犯人釋放後四年內又重被捕捉者，可見監獄的管教並未能完全成功的改變犯人品質。這也是反對監禁犯人的人用以攻擊美國法律管束制度的最大理由之一。

三、結　論

犯罪問題是美國人最頭痛的現實問題之一。法律漏洞多，執行亦困難。尤其各州法案不同，處罰輕重各異。再加上社會道德，對個人約束力量減退，使得問題日趨嚴重。種族問題雖然相當嚴重而且對美國將來社會的永久發展影響鉅大，但是種族糾紛並不像犯罪問題那樣是每天都可能直接發生在個人自己身上的事，因此對種族問題的憂慮就沒有像對犯罪問題那麼深刻，最近不僅各州政府及聯邦政府花鉅額經費在防治犯罪措施上，各地大學研究所亦紛紛聘請專攻犯罪學專家集中研討犯罪行為及模式，社會學界亦然。

第十六章 臺灣的犯罪現況及
其防治對策之探討

蔡 德 輝

　　臺灣地區近年來由於工商業之加速發展，已由農業社會結構邁向工業社會結構，人口密集於都市之問題日趨嚴重，原有社會組織型態已逐漸轉變，舊有傳統社會控制功能亦漸喪失，社會凝聚力亦較為渙散，致使社會顯露無規範趨勢；加以西方個人主義及功利主義思想之影響，造成社會文化衝突、矛盾與失調，因而產生許多現代都市社區之生活病態。犯罪問題亦因現代社會之工業化及都市化而更形猖獗，且犯罪伎倆亦日益改變，而產生諸多新興之犯罪型態，對社會秩序已構成嚴重之威脅與危害。雖然犯罪是人類社會無可避免之規則現象，但如犯罪型態及犯罪頻率突然發生劇烈變化而陷入極嚴重之程度，則屬非常態，而有必要予以深入探討，筆者乃就臺灣地區犯罪現況予以分析，並提出犯罪防治之對策，俾供讀者及有關當局參考。

一、臺灣地區犯罪現況之探討

(一) 臺灣地區十年來刑案發生率之比較

　　臺灣地區各級警察機關自民國六十年至六十九年間偵辦刑案，以六十年發生最少，計三六、○一三件，六十年以後刑案發生數逐年略見增加，至六十四年增至四五、八二四件，六十五年則呈減少計四三、九三六件，六十七年增加爲四八、六四○件，六十八年又增加爲五二、五一二件，六十九年則呈減少爲五二、三五○件。然臺灣地區人口增加率，平均每年約在百分之三左右，如以六十年之人口年中數爲基數一百，計算其指數，則六十九年之人口數爲一一八·七，十年間計算增加百分之十八點七，而人犯指數之增加，以六十二年、六十三年、六十八年較快，十年間計算增加百分之四十四點四三，顯示犯罪人口增加率高於人口之成長率（參閱表一）。

表　一

年　度	發生數刑案	人　犯　數	人口指數	人犯指數
60	36,013	30,927	100.00	100.00
61	36,911	30,200	101.93	97.65
62	38,415	34,328	103.77	111.00
63	41,732	38,266	105.68	123.73
64	45,824	40,856	107.67	132.10
65	43,936	40,818	110.06	131.98
66	47,868	44,122	112.09	142.66
67	48,640	39,184	114.24	126.70
68	52,512	43,585	116.53	140.93
69	52,350	44,669	118.70	144.43

（資料來源：臺灣刑案統計，六十九年，一一～一三頁）

（二）臺灣地區十年來犯罪型態之比較

就犯罪型態比較如下：民國六十年共發生刑案三六、○一三件，以竊盜案爲最多，有一九、六一四件，佔全部刑案的百分之五十四點四六。此外，發生較多之刑案依次爲傷害刑案、贓物刑案、詐欺刑案、殺人刑案、妨害風化刑案。而民國六十九年共發生刑案五二、三五○件，竊盜案件仍然最多有二六、六五○件，佔全部刑案的百分之五十點九一，竊盜罪在所有犯罪型態中所佔之比率仍然爲各刑案之冠。六十九年其他犯罪型態仍然以傷害、贓物、詐欺、殺人、妨害風化爲較多。（參閱表二）因此，十年來，各種犯罪型態加以比較，仍以竊盜犯罪爲最多，其所佔全部刑案之比率，以六十一年（佔百分之五十五點三八）爲最高，六十二年以後有逐漸減少之趨勢，但有一點值得一提的是：竊盜犯罪之未知數很高，由於竊盜犯之破獲率向來很低，民衆自認損失已無法追回而未報案，或警察機關爲提高破獲率而未紀錄下全部竊案，另證之今日社會每家每戶鐵窗鐵門之防盜設施，亦足見臺灣地區竊盜犯罪之嚴重性。此外，強盜及搶奪罪方面，六十九年發生一二二九件，比六十年多發生七七九件，顯示強盜及搶奪罪方面十年來有增加之趨勢。

表二　六十九年與六十年各種犯罪型態之比較

項　　　　　目	六　十　年		六　十　九　年	
	發生件數	百 分 比	發生件數	百 分 比
刑　案　總　數	36,013	100	52,350	100
竊　　　　　盜	19,614	54.46	26,650	50.91
故　意　殺　人	837	2.33	1,411	2.70

強　　　　盜	450	1.25	520	0.99
搶　　　　奪			709	1.35
擄 人 勒 贖	8	0.02	51	0.10
恐　　　　嚇	652	1.81	1,154	2.21
傷　　　　害	2,903	8.06	3,634	6.94
詐 欺 背 信	1,527	4.24	1,430	2.73
贜　　　　物	1,689	4.69	1,468	2.80
侵　　　　占	6,694	1.93	603	1.15
妨 害 風 化	735	2.04	755	1.44
強　　　　姦	—	—	420	0.80
輪　　　　姦	—	—	83	0.16
煙　　　　毒	617	1.72	45	0.09
貪 污 瀆 職	55	0.15	103	0.20
僞 造 貨 幣	37	0.10	7	0.01
走　　　　私	18	0.05	16	0.03
其　　　　他	6,177	17.15	13,291	25.39

（資料來源：臺灣刑案統計，六十九年，一六～一七頁）

（三）臺灣地區民國六十九年犯罪人年齡之分析

　　各年齡階段不同，其犯罪型態亦有些差異，筆者將民國六十九年臺灣刑案統計中發生較多之犯罪型態，就幾個年齡階層予以統計分析如下（參閱表三）：犯殺人案、傷害案者以十二歲——二十九歲爲最多，佔百分之六十九點一七，顯示靑少年血氣方剛，體力旺盛，如缺乏自我控制能力，則較易犯暴力犯罪；而犯竊盜案者以十二歲——十八歲之少年爲最多，佔百分之四十七點五三，且近年來低年齡階層竊盜犯有逐年增

表三　臺灣地區六十九年各種犯罪犯罪人年齡分析

罪　　　　名		殺人傷害	竊盜	強盜搶奪	恐嚇	妨害風化	煙毒	賭博
合　　計	人　數	5,106	16,425	935	1,428	1,456	54	5,135
	百分比	100.00	100.00	100.00	100.00	100.00	100.00	100.00
11歲以下	人　數	6	669	2	6	1	1	0
	百分比	0.105	4.07	0.125	0.42	0.07	1.85	0
12歲～18歲	人　數	1,324	7,807	409	738	280	3	268
	百分比	29.79	47.53	43.74	44.68	19.23	5.55	5.21
19歲～20歲	人　數	468	1,271	160	138	97	0	154
	百分比	10.02	7.73	17.11	9.66	6.66	0	2.99
21歲～29歲	人　數	1,505	3,809	269	431	431	17	1,276
	百分比	29.36	23.19	28.77	30.18	29.60	31.48	24.84
30歲～39歲	人　數	880	1,563	64	137	300	24	1,356
	百分比	16.05	9.52	6.855	9.59	20.60	44.45	26.41
40歲～49歲	人　數	485	745	5	48	184	5	1,076
	百分比	8.21	4.54	2.225	3.36	12.64	9.26	20.95
50歲～59歲	人　數	268	402	7	20	120	2	663
	百分比	4.74	2.47	0.78	1.40	8.24	3.70	12.91
60歲以上	人　數	110	160	4	10	43	2	342
	百分比	1.995	0.97	0.47	0.70	2.96	3.70	6.66

（資料來源：臺灣刑案統計，六十九年，一九～二三頁）

加之趨勢；而恐嚇犯罪仍以十二——二十九歲之青少年為最多，佔百分之八十四點五二；犯妨害風化者以二十一歲——三十九歲為最多，佔百分之五十點二，其次為十二歲——十八歲少年，佔百分之十九點二三；煙毒犯則以三十歲——三十九歲為最多，佔百分之四十四點四五，其次

爲二十一歲——二十九歲，佔百分之三十一點四八；賭博罪犯以三十歲
——三十九歲爲最多，佔百分之二十六點四一，其次爲二十一歲——二
十九歲，佔百分之二十四點八四，四十歲——四十九歲佔百分之二十點
九五，由上述分析可知四十歲以上犯罪人較少，其他年齡階層之犯罪型
態亦有差異，此對各年齡階層之不同型態犯罪有所瞭解，且有助於犯罪
防治措施之推展。

（四）臺灣地區十年來犯罪人教育程度分析

根據臺灣刑案統計，民國六十年犯罪人之教育程度以國小程度爲最
多（佔百分之七十一點八一），其次爲國中程度（佔百分之十八點四一）
及高中程度（佔百分之九點一六），大學以上犯罪者甚少（僅佔百分之
零點六二）（參閱表四）。顯示十年前接受教育程度愈高，其陷於犯罪之

表四　臺灣地區犯罪人數教育程度分析

年　　　　　　度		六　十　九　年	六　十　年
合　　　計	人　數	44,669	30,927
	百分比	100.00	100.00
國小程度	人　數	18,777	22,209
	百分比	42.04	71.87
國中程度	人　數	14,684	5,695
	百分比	32.87	18.41
高中程度	人　數	6,563	2,831
	百分比	14.67	9.16
大學以上程度	人　數	1,460	192
	百分比	3.27	0.62
不　　　詳	人　數	3,195	0
	百分比	7.15	0

可能性愈低。然近年來，教育程度與犯罪之關係，已有很大之變化：即教育愈普及、教育程度愈提高，犯罪問題，反有愈加嚴重之趨勢，尤以智慧型犯罪為最。此現象可與日本的研究報告相互印證（林東茂譯，七〇年，頁六〇）。日本大多數少年犯之教育程度已提昇為高中程度階層，而臺灣地區六十九年犯罪人之教育程度亦有相同之發展趨勢，如國中程度犯罪人增加為一四、六八四人，佔百分之三十二點八七，高中程度增加為六、五六三人，佔百分之十四點六七，大學程度以上亦有增加；近年來發生之經濟犯罪皆為接受高教育程度者所犯，值得注意。

二、臺灣地區犯罪趨勢之特徵

　　由上述犯罪現況之探討，可知臺灣地區十年來之犯罪，不僅量的方面增加，而且在質（犯罪型態）方面亦有很大轉變，今後發展趨勢將有下列幾個特徵：

（一）竊盜犯罪仍是臺灣地區最嚴重之犯罪問題：

　　竊盜犯罪在刑案中所佔之比率恒較其他犯罪案件為高，竊盜犯罪儘管量的增加不甚明顯，但在質的犯罪方法有日趨惡化之傾向，竊盜案隨時有轉變成暴力性強盜罪之可能；此外，以往竊盜犯均是獨行犯所為，然近年來有組織的大竊案有急速增加之趨勢，而「闖空門」、「大搬家」及智力型之竊盜案將更為嚴重。

（二）經濟犯罪日趨嚴重：

　　近年來，由於社會與經濟結構之演變，犯罪型態亦漸趨向於智慧型之經濟犯罪，它雖然不像暴力犯罪造成慘不忍睹之殘酷場面，但其不法

內容與可責性之高及對經濟社會之高度危險性與對國計民生之嚴重不良後果，實非任何犯罪型態所可比擬（林山田，六五年，頁九十）。

（三）暴力犯罪日趨惡化趨勢：

　　根據臺灣各法院檢察處起訴之暴力犯人數，六十八年計有一三、四八一人，較六十七年增加一、九四五人；其中以傷害犯為最多，殺人犯次之（法務部，六十八年，頁九十七）。又以最近十年來人數增減幅度加以比較，強盜、搶奪犯增加幅度最高，十年來計增加百分之六十三，妨害自由及殺人犯各增加百分之三十二及三十一，恐嚇及擄人勒贖增加百分之十一；近年來，警察人員遭受歹徒殺害之事件，更是時有所聞，使法律尊嚴受到極為嚴重之威脅。

（四）少年犯人數與犯罪率有增加趨勢：

　　目前已提升到平均四個犯罪人中有一個是少年犯；少年犯之犯罪年齡有向下及向上延伸之趨勢；而且少年犯之犯罪型態經常在變，不像成年犯犯罪之專業化；少年犯罪行為經常是非功利的，有惡意的及反抗性的，並用許多中立化技巧對其犯行加以合理化。另外，少年濫用藥物之情形亦日趨嚴重。

三、犯罪防治新對策之探討

（一）國家應設置犯罪預防專業機構，全盤規劃協調有關機構推展犯罪預防工作：

　　犯罪預防是一種治本性之工作，「事先的預防重於事後之處理、懲

罰」與「預防勝於治療」迄今已是各國共同一致之看法。當今人們也漸趨重視犯罪預防工作，因為：①犯罪對人們構成甚大之威脅；②犯罪對國家社會所造成之損害以及國家為抗制犯罪之花費甚為昂貴且難以估計，美國每年在這方面之花費將近九百億美元；③犯罪對社會道德與士氣方面造成甚大之腐蝕；④犯罪之發生已造成社會無可忍受之程度 (Whisenand, 1977)。美國犯罪學家傑佛利 (C. R. Jeffery) 指出：當前犯罪學界及刑事司法所面臨之最大問題，乃應儘速提出未來防治犯罪之對策。而目前我們所強調的刑罰，並無法發揮其預期功能，甚至還併發更多犯罪問題，主要原因是我們均等待犯罪行為發生後再作事後之處理 (Jeffery, 1980)。

　　犯罪預防強調犯罪發生前採取步驟避免其發生，如等發生後才去處理，則將永遠無法減少犯罪率。正如我們要預防蒼蠅產生之方法，可清理排水系統，也可拍打蒼蠅；然目前似乎仍停留在打蒼蠅階段，此將比事先預防花費更多之人力物力。因此，如果完全依賴警察、法院、監所等機構來處理，不僅無法達到預期目的，反而會使問題更加惡化，為此特別呼籲有關當局重視犯罪預防工作，並設置犯罪預防專業機構來全盤規劃、協調有關機構，推展犯罪預防工作。

(二) 推展社區守望相助運動預防竊盜犯罪：

　　「敦親睦鄰、守望相助」原是我國之傳統美德，然近年來，由於受到工業化、都市化、個人主義生活方式之衝擊，社會控制力愈趨式微，社會之疏離感、隔閡、隱匿性愈來愈大，以致近十年來，竊盜案件一直高踞臺灣地區刑案之首位，而破案比率亦偏低；雖然臺灣向以治安良好馳名於世，然只是指街上不像紐約、馬尼拉等地之搶案多，居家度日仍然擔心宵小「光顧」，此乃社區居民，未能發揮守望相助精神，以致宵

小利用社區淡薄人際關係，而得心順手地進行其竊盜行為。

筆者認為社區推展守望相助運動，實為當前社區預防竊盜犯罪最重要一環，臺北市松山、大安、陽明山等三地區曾推展守望相助運動，對防範竊盜犯罪發揮很大之功能，惜未能繼續有效推展，至為遺憾；今後要有效控制犯罪，絕非目前有限警力所能達成，必須使民眾了解社區守望相助運動之意義及其重要性，喚起社區意識，共同參與犯罪預防工作，協助維護治安。

（三）儘早發現少年之偏差行為及時予以輔導：

筆者曾赴全省三所少年輔育院抽樣調查訪問二六二位少年犯，問及受調查少年犯在入院前曾有幾次嚴重的過失行為未被發覺？結果發現有百分之六十四的少年犯在犯罪入院前已有一次以上嚴重過失行為未被發覺，足見少年之輕微偏差行為如不及時發現予以適當地輔導，則易累積而鑄成大錯。因此家長遇到子女有逃家、逃學等問題行為之初期徵候，不要隨意為小孩加上壞的標籤，而應和顏悅色地詢問並予以適當輔導；同時亦呼籲社會成立青少年之家，對於瀕臨於犯罪邊緣之青少年適時予以輔導糾正，儘量避免少年太早進入刑事司法機構。美國曾作許多實證研究指出：少年愈早進入刑事司法程序，則其未來停留在刑事司法體系之時間愈久（Fox, 1977:46）。

（四）對少年犯及初犯輕罪之成年犯儘量適用社區處置：

犯罪矯治由機構性處遇（Institutional Treatment）轉化為社區處遇（Community-based Treatment），是現代刑事政策重點之一，亦是刑罰思想演變之結果，已逐漸成為各國所採行之有效的犯罪人處遇方式。

　　筆者曾運用經驗法則實證方法，評估比較國內少年犯機構性處置與社區處置之成效（蔡德輝，七十年，頁一七〇）結果發現機構性處置對於惡性較重之少年犯有存在必要，但對於較微之少年犯，則認為社區處置不僅較合乎人道，且有節省國家公帑之利，同時易使犯罪人成功地復歸社會，在減少再犯方面亦比機構性處置有效。因此，筆者認為犯罪人之矯治，不必一定監禁於有圍牆之犯罪矯治機構，如以開車過失致人於死之犯罪人為例，如將之監禁於監獄，可能會產生下列諸項缺點：①監獄方面：提供犯罪人免費膳宿，且增加管理人員之費用支出；②犯罪人家庭方面：由於犯罪人入監，可能造成夫妻感情破裂，致家庭破碎；而子女缺乏妥善之教養，以致成為問題少年；③社會方面：犯罪人本來是社會生產性成員，由於入監而成為消費性人口；④犯罪人本身：接受十個月的自由刑，要真正使其改悔向上、適應社會生活之時間不夠，可是要學上幾套犯罪技術則足足有餘；此外，出監後已染有前科壞標籤之烙印，對其行為之改善不但無益，反而產生更多更嚴重之犯罪行為。洵經統計近年來受六個月以下有期徒刑之宣判者，約佔全部受有期徒刑宣告者的一半，可見有許多犯罪人受到上述短期自由刑缺點之影響。筆者認為此種犯罪人處置方式應予改變，如予宣告緩刑，並令其至臺大、榮總、三軍等其他公立醫院急診處擔任抬傷患之工作六個月，每天上下班，可收領部分津貼，不僅可避免上述諸多缺點，而且每天抬傷患目睹交通事故血淋淋之教訓，堪為最佳之交通安全教育，亦可達刑期無刑之最高目標。故筆者主張對初犯輕罪之犯罪人儘量運用社區處置代替機構性之處置，使其仍留在原來社區予以適當之輔導矯治，增進其適應社會生活能力，而達再教育及再社會化之目的。

(五) 加強出獄人就業更生輔導預防再犯：

受刑人執行期滿出監時，乃是最危險之時期；因為社會戴着有色眼鏡歧視他們，致他們重入社會發生困難，本有職業的人，因受刑而失業，在校同學因受刑而失學，出獄人家屬亦連帶面臨諸多問題，出獄人為此現實問題不能解決，精神上之刺激無法忍受，極易使他們重施犯罪故技，以為解決生活之最後手段（根據調查我國犯罪人之再犯率約有百分之四十五）。為此使得刑事司法整個系統之作用喪失，非但社會失去一批生產性成員，亦因這些人之再犯，而使社會秩序遭到嚴重之破壞。因此筆者在此呼籲社會各階層應協助他們解決就業問題，走向更新向善之路；另方面亦建議各犯罪矯治機構對出獄人建立資料中心，確實詳記出獄人之素行、性向、專長、悔等有關資料，以使社會有所抉擇地僱用真正改過自新之出獄人，不致以「天下烏鴉一般黑」以偏概全說法而對出獄人有成見，同時此資料之建立，對犯罪矯治機構之秩序及處置之實施會有所幫助。

四、結　語

美國學者布克(Burke)曾言：「社會犯罪獲勝之唯一要件，乃促使社會正義之士不出來參與犯罪防治工作。」故防治犯罪已非警察、法院、監獄部份工作人員所能勝任，定要靠社會各階層人士結合力量共同參與，協助政府加強犯罪防治工作；一方面加強警民合作，使企圖犯罪之人無從施其犯罪伎倆；另方面對犯罪人、出獄人協助其重建復歸社會，使之自立更生。然防治犯罪之道不止乎此，謹就上述淺論一、二就教於讀者先進。

參考書目

林東茂譯　日本少年犯罪現況之分析，犯罪防治，第七期，七十年六月出版。

林山田　犯罪問題與刑事司法，商務印書館，六十五年版。

法務部　犯罪狀況及其分析，六十八年度版。

Whisenand Paul M. *"Crime Prevention,"* 1977, p. 1.

Jeffery, C. R. *"The Prevention of Crime and Juvenile Delinquency,"* The First Asian Pacific Conference of Juvenile Delinquency, 1980.

Fox, Vernon *"Community-based Corrections,"* 1977.

蔡德輝　犯罪學理論與犯罪防治，偉成公司七十年二月修訂版。

九、青少年犯罪問題

第十七章
美國青少年犯罪問題之研究

歐陽趙淑賢

一、美國人對「青少年犯罪」之概念

目前美國人對青少年犯罪之控制與成人犯罪之控制的分別始於十九世紀初期，因為當時美國一般人均認為青少年犯罪與成人犯罪是不同的，對青少年犯罪所採用公衆行動之目的在謀求青少年本身之福利而非懲罰其錯失行為。一般人並感於勿太強調孩子本身應負之責任，因大多數之青少年犯罪行為是由於父母及社區對其行為教導之疏忽。更則，一般青少年犯罪之犯案種類不受社會重視，社會所重視的是這種特殊青少年犯罪行為是一種隱藏着的社會問題徵候，因此，青少年法庭將所有青少年犯罪案件都判決為青少年犯罪而不分別指明是何種特殊犯案。

漸漸地，美國發展出一種青少年犯罪的行為模式，凡合於此種行為模式的均被稱為青少年犯罪。而通常青少年犯罪行為包括喝酒、吸煙、逃學、離家出走、不服從、難管教等屬於違反社會道德行為規範的行為問題；少數的青少年犯罪行為是屬於侵害人身和財產的，如搶奪、強暴、殺人、偷盜等行為。由於上述美國人「青少年犯罪」概念應用之結

果，將青少年犯罪交付青少年法庭處理與一般成人犯罪交由法院處理之情形是極不相同的。在某些方面，青少年犯罪之處理較寬和，意即在適當的情況下，盡量不將青少年犯罪交由法庭處理，但如成人犯了相同性質的罪，則一定送交法庭處理。然在另外某些方面，青少年犯罪之處理却相當嚴，因交由法庭處理之青少年犯罪行為案並不構成成人犯罪案，由此可見在對美國青少年犯罪之判決處理和對成人犯罪之判決處理是絕對不同的。而美國青少年犯罪統計數字是根據以上簡述之美國人對「青少年犯罪」概念使用，反應出美國青少年法庭對青少年犯罪之判決和處理情形。

世界上大多數的國家，對青少年犯罪行為之處理和判決與美國今日施行的方法和政策相比是不相同的。通常這些國家沒有存在於今日美國這種「青少年犯罪」行為模式之特殊概念，更恰當地說法是這些國家通常認為某年紀以下違犯犯罪行為法律者是青少年犯罪，而在美國青少年犯罪實際上包括所有的青少年在內，並無最低年齡之限制，美國人認為基於青少年個人本身的利益，即使年齡最小的孩子也未嘗不可交由公衆權威者處理。在其他大多數的國家，通常拒絕將這些小於某年齡的孩子交由司法機關處理，更有許多其他的國家只將年齡較大的青少年犯罪案件歸入其青少年犯罪之統計數字中。因此，如將美國青少年犯罪之統計數字與其他國家之青少年犯罪之統計數字相比較時，由於以下的幾個重要因素，這些統計數字需要適度地調整，方可用為研究資料，這些因素包括：①在某些國家，青少年犯罪的統計數字不包括較低年齡之青少年犯案在內，而在美國，青少年犯罪之統計數字包括所有年紀之青少年犯案在內，②在美國青少年犯罪案件中有些年齡較大的青少年的行為問題在其他的國家或許以特殊教育方法來矯正，並不包括在一般的青少年犯罪統計數字中，③在其他某些國家，只將違犯了犯罪法律之青少年犯案

記錄到統計數字中，諸如殺人、強暴、搶奪、勒索等侵害到人身及財產的犯案，而在美國所有青少年犯罪案件均記錄在統計數字內，例如逃學、離家出走、打架滋事、騙取家中財務、吸毒等行為均列入青少年犯罪行為之記錄中，④在美國以孩子本身福利着想來處理青少年犯罪行為的這種哲學也許是比其他由法庭來懲罰青少年犯罪行為之哲學為主的國家有較多青少年犯罪案件之原因。

二、美國青少年犯罪之控制與處理

在一八九九年之前美國無青少年法庭；在一八五三年之前根本沒有處理青少年犯罪之個別公衆機構；在一八二五年之前連處理青少年犯罪之私人機構也沒有，那麼在這時期之前的青少年犯罪是如何處理的呢？當時青少年犯罪案交由法院處理，判決後送至與成人一起之機構受刑罰，而根據研究報告，知早期法院中青少年犯罪案很少，受刑機關中也很少青少年犯罪者，即使將逐年人口數字之增加率加以調整，也確實不能與今日青少年犯罪統計數字之高相比。這是什麼原因呢？今日美國許多交由青少年法庭處理之青少年犯罪案件，昔日是由傳統之社會機構來社會化，這些傳統的社會化機構包括家庭、社區、教會和學校。因此，今日美國青少年犯罪增加不僅反應出青少年犯罪行為之增加，並且反應出今日美國社會處理青少年犯罪行為之政策和方法。換言之，過去由家庭、教會、學校和社區來控制處理的青少年犯罪行為，今日由司法機關如青少年法庭、觀護機關及警察局來負起控制和處理之責任。而通常由司法機構來處理青少年犯罪問題的國家，其青少年犯罪統計數字往往較其他仍以家庭、教會、學校和鄰里社區來負責控制和處理青少年犯罪行為的國家高。這也就是說青少年犯罪統計數字之增加並不一定反應該社

會青少年犯罪行爲質量之增加，而是該社會對青少年犯罪行爲控制和處理方法改變的表現。

由於以上之分析，值得我們注意的是世界各國對其青少年犯罪統計數字之解釋有很多差異，一般通俗地看法是青少年犯罪數字之增加表示該社會青少年犯罪之嚴重性增加。但由前之分析知，青少年犯罪數字低也可能表示該社會仍以傳統父系社會爲中心之社會控制法來控制和處理該社會之青少年犯罪行爲。而這種傳統的控制和處理方法對工業化和現代化之社會並不是最適當和有效的。換言之，青少年犯罪之比率也許與青少年行爲問題之範圍和嚴重性無關，却是墨守成規的或採用新的社會控制之反應。

三、特殊社會機構發展的程度

因此，世界各國青少年犯罪統計數字報告之差異並不一定代表各國青少年犯罪行爲質量之不同。然而這種質量統計數字報告之差異却足以印證各國對其青少年行爲社會化所採用方法的社會變遷發展階段。當然這種說法並不是否認青少年犯罪行爲本身之增減是造成統計數字增減之因素。作者僅指出青少年犯罪率之差異，不僅是青少年犯罪行爲質量增減之結果，而且是該社會對青少年犯罪行爲採行之政策及處理控制方法之改變所引起。

某社會對青少年犯罪行爲控制之方法由傳統的社會化機構，如家庭、教會、學校、和鄰里社區轉移至公衆機構，如青少年法庭、觀護機關、警察局之發展變遷程度，不但由該社會對青少年行爲所採行之原則，而且由公衆機構實際所能提供的服務顯示出。所謂公衆機構實際所能提供的服務是指，青少年法庭和觀護機關中專業工作人員之人數所實

際能履行之功能。換言之，一個社區中也許有一間青少年法庭，而此青少年法庭依其法令規章負起管理該社區內某些青少年之越軌行為，但因該青少年法庭之專業工作人員太少，而實際只能負起極少數個案之管理工作責任。那麼只有一位法官和少數專業工作人員的青少年法庭所能負起管理青少年犯罪行為案件之數量，要比有好幾位法官和擁有相當大觀護所之青少年法庭之辦案工作量少得太多。簡言之，青少年法庭之法官人數及專業工作人員亦影響青少年犯罪之統計數字。那麼一個青少年法庭辦案之逐漸增加，也許是該法庭法官和專業工作人員之逐漸增加，而導致該法庭青少年犯罪案件增加之原因。實際上這也正是處理青少年特殊公衆機構發展程度的反應。如果以這些機構處理之青少年犯罪案件之統計數字為青少年犯罪多少之指數，同樣之情形不但適用到上述之青少年法庭和觀護機關，而且適用於其他任何公衆機構之設備和專業工作人員之數量。但如一個社區不增設這些機構，那麼青少年犯罪之增加只能以現存機構之過度擁擠情形表現之，而額外機構之增設也可能表示青少年犯罪增加之結果，而這種情形亦會引起青少年犯罪統計數字之改變。

四、結　　論

總而言之，對「青少年犯罪行為」作社會學之研究時，尤其是以統計數字為主要的研究資料，一定要澈底了解到①該社會對「青少年犯罪」行為所採用之定義或行為模式，②該社會對青少年犯罪問題所採用之社會控制和處理方法，③該社會對青少年犯罪行為所能提供社會服務發展之程度。

那麼今日國內青少年犯罪行為之增加也許是國內社會工業化和現代化所致，而青少年犯罪問題之本身或早已存在，只是過去控制和處理這

些青少年犯罪行爲之責任是由傳統的社會機構家庭負起，而今由於社會之變遷至由公衆機構，如青少年法庭、觀護機關和警察局負起控制和處理之責任。換言之，由於國內對青少年行爲社會化制度之改變，青少年犯罪行爲也隨着引起社會大衆之注意和硏討，但並不一定是今日社會之青少年犯罪問題比昔日增加和更嚴重，這點是我要在本文提出請讀者們注意的。

參 考 書 目

Quay, Herbert C. ed., *"Jnvenile Research and Theory,"* Princeton, N. J., D. Van Nostrand Co., 1965.

Redl, F. *"Who is Delinquent?"*, in Eva H. Grant, ed, *"Guiding Children as They Grow,"* Chicago, National Congress of Parents and Teachers, 1959.

"Juvenile Court Statistics," 1960-1979, Washington, D. C., Children's Bureau.

Cohen, Aebert K. *"Delinquent Boy,"* Glencoe, Ill, Free Press, 1955.

Short, James F. Jr., and Ivan Nye, *"Extent of Unrecorded Juvenile Delinquency, Tentative Conclusions,"* Journal of Criminal Law, Criminology and Police Science, 49: 296-309, 1958.

Lander, B., *"Toward an Understanding of Juvenile Delinquency,"* New York, Columbia Univ. Press, 1954.

Kvaraceus, W. C., *"Juvenile Delinquency: A Problem for the Modern World,"* Paris, UNESCO, 1964.

Lejins, [Peter P. *"American Data on Juvenile Delinquency in an International Forum,"* Federal Prohation, 25 (June, 1961).

"The New Forms of Delinquency, Origin, Prevention and Treatment," United Nations Document A/CONF 17/17, 1960.

L'opez-Key, *"Some Misconception in Contemporary Criminology,"* in Essays in Criminal Science, Sweet and Maxwell, Ltd., London, 1960.

第十八章
臺灣的少年犯罪狀況及其對策

陳　麗　欣

一、前　言

　　犯罪是每一個社會都無法避免的病態行爲，可能發生在每一個年齡層中。如今，最受重視的年齡層乃是十二歲以上至十八歲未滿的少年層（依據少年事件處理法第二條之規定），因爲臺灣地區近一、二十年來正邁向現代化、工業化、商業化與都市化，經濟體系、家庭體系與價值體系也因此而急遽變遷，在這種衝擊之下，首當其衝的，便是在此等變遷中成長的少年，故本文將探討少年犯罪之若干問題。

　　首先簡單介紹數家有關少年犯罪之理論，再分析自民國六十一年至六十九年少年犯罪之犯罪指數、犯罪率、性別比率、犯罪年齡、犯罪類型、犯罪原因與犯罪趨勢，最後將評介一般防制少年犯罪之措施，並提出作者的見解與建議。

二、少年犯罪理論之介紹

少年犯罪之理論稱得上是精采繁多，歸納起來，可以概述如下：

(一) 社會學理論

① 涂爾幹之紊亂論 (Turkheim's Anomie Theory)

② 錫林之文化衝突論 (Sellins Cultural Conflict Theory)

③ 蕭和麥克凱之文化轉承論 (Shaw & Mckay's Cultural Transition Theory)

④ 蘇南德和葛勵斯之差別結合論 (Sutherland & Cressey's Differential Association Theory)

⑤ 柯恩的次文化論 (Cohen's Subculture Theory)

⑥ 顧勞和歐林的差別機會論 (Cloward & Ohlin's Differential Opportunity Theory)

⑦ 賽克斯和馬然的中和化技術 (Sykes & Matza's Techniques of Neutralization)

(二) 心理學理論

① 心理分析理論

② 自我理論：

㊀ 雷克力的控制論 (Reckless' Control Theory)

㊁ 貝克之標籤論 (Becker's Labeling Theory)

(三) 生理學理論

① 性別：男性犯罪者多於女性。

② 智力: 智力低者較易犯罪。

③ 染色體: XYY 染色體者較易犯罪。

④ 體質: 犯罪者常先天具有某犯罪體質。

(四) 科際整合之理論

① 王湘雲的多元因素模型論 (Multivariate Causal Model)

② 傑佛利的生理社會學理論(Jeffery's Biosocial Learning Theory)

其中，尤以多元因素模型論結合了文化衝突、差別結合、差別機會、標籤及控制等理論，對少年犯罪之成因與過程提出了相當完滿的解釋，頗具參考價值。

三、臺灣地區少年犯罪之狀況

(一) 犯罪指數與犯罪率

民國六十一年至六十九年，犯罪指數（圖一）呈增加之趨勢，分別在六十五年及六十九年形成兩次高峯，尤以去年之情形特別嚴重，第一次突破一萬大關，和六十八年比較，增加了百分之二三，以今年一至六月和去年同時期的少年犯罪人數作比較，今年有更嚴重之趨勢（參考表一）。

表一 臺灣地區少年犯之人數

期　　　　　　　間	少　年　犯　人　數
69年 1～6 月	4,640
70年 1～6 月	4,828

註: 本資料包括判刑及管訓判決確定人數

資料來源: 法務部統計處

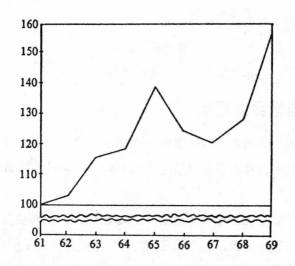

犯罪人數	6,388	6,606	7,413	7,519	8,906	7,952	7,736	8,211	10,092
犯罪指數	100.00	103.41	116.05	117.71	139.42	124.49	121.10	128.54	157.98

註：本資料包括判刑及管訓判決確定人數。
資料來源：法務部統計處

圖一　61～69 年臺灣地區少年犯之犯罪指數

　　少年犯罪人數增加和少年人口增加有關，但觀之圖二，將少年犯罪率與全人口之犯罪率及十八歲以上人口之犯罪率比較，後二者之犯罪率起伏不大，而少年犯罪率却大幅度地增加，由六十一年之萬分之二七‧八〇漸增加到六十五年之萬分之三六‧三五，雖在六十六年及六十七年有下降情形，但六十八年又回升，至六十九年則達到萬分之四一‧四一的最高峯，第一次凌駕十八歲以上人口之犯罪率，此等變遷能不令人憂心忡忡乎！

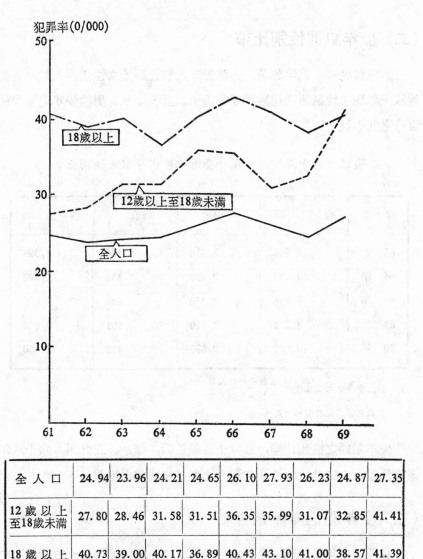

犯罪率(0/000)

18歲以上

12歲以上至18歲未滿

全人口

	61	62	63	64	65	66	67	68	69
全 人 口	24.94	23.96	24.21	24.65	26.10	27.93	26.23	24.87	27.35
12歲 以 上 至18歲未滿	27.80	28.46	31.58	31.51	36.35	35.99	31.07	32.85	41.41
18 歲 以 上	40.73	39.00	40.17	36.89	40.43	43.10	41.00	38.57	41.39

註: 少年犯係指判刑及管訓事件判決確定有罪者，不包括未滿12歲者。

資料來源: 法務部統計處

圖二　61～69 年臺灣地區犯罪率之比較

(二) 少年犯罪性別比率

素來無論那一個年齡層，男性犯罪人數遠超過女性犯罪人數，臺灣地區少年犯之性別組合也驗證了此說法。近五年來，男性少年犯至少佔百分之九十以上。

表二　六十五～六十九年臺灣地區少年犯之性別組合

年　次	合　　　計	男	女	性　比　率
65 年	8,906	8,310	596	1,394
66 年	7,952	7,496	456	1,644
67 年	7,736	7,330	405	1,805
68 年	8,211	7,910	301	2,628
69 年	10,092	9,680	412	2,350

註：少年犯之性比率＝$\dfrac{男性少年犯人數}{女性少年犯人數} \times 100$

資料來源：法務部統計處

少年犯罪之性別比率，以六十五年最低，僅一、三九四，六十八年最高為二、六二八，女性少年犯之比率並無增加之趨勢。

(三) 少年犯之年齡組合

少年犯之年齡比率因年齡之增加而增加，最後集中於十六歲以上至十八歲未滿者，以六十九年為例，此二年齡之少年犯即佔全體少年犯之百分之五一・一〇，實令人遺憾！

表三　少年犯之年齡組合（民國六十九年）

年　　　　　齡	人　　　數	百　分　比
12　歲　以　下	370	3.67
13　歲　未　滿	417	4.13
14　歲　未　滿	843	8.35
15　歲　未　滿	1,445	14.32
16　歲　未　滿	1,961	19.43
17　歲　未　滿	2,463	24.41
18　歲　未　滿	2,593	25.69
合　　　　　計	10,092	100.00

資料來源：法務部

（四）少年犯之犯罪類型

表四　少年犯之犯罪類型（民國六十九年）

犯　罪　類　型	百　分　比	犯　罪　類　型	百　分　比
竊　　　　　盜	65.67	詐　欺　背　信	0.35
贓　　　　　物	3.80	侵　　　　　佔	0.62
故　意　殺　人	4.27	走　　　　　私	0.03
擄　人　勒　贖	0.16	吸　　　毒	0.04
強　盜　搶　奪	2.69	販　　　毒	0.00
恐　　　　　嚇	5.35	貪　污　瀆　職	0.00
傷　　　　　害	4.49	其　　　　　他	10.85
妨　害　風　化	1.67		
合　　　　　計			100.00

資料來源：內政部警政署刑事警察局

以六十九年爲例，少年犯之犯罪類型以竊盜和贓物最多，二者合計即佔了百分之六九‧四七；暴力犯次之，故意殺人、擄人勒贖、強盜搶奪、恐嚇及傷害等之暴力犯罪共佔了百分之一六‧六九；妨害風化佔百分之一‧六七，至於詐欺背信、侵佔、走私、吸毒、貪污瀆職等比率皆小，均未超過百分之一。

(五) 少年犯之犯罪原因

表五　少年犯之犯罪原因 (民國六十九年)

犯　　罪　　原　　因	人　　　數	百　　分　　比
生　理　因　素	105	1.04
心　理　因　素	1,182	11.72
家　庭　因　素	4,153	41.15
社　會　因　素	2,641	26.17
學　校　因　素	70	0.69
其　他　因　素	1,941	19.23
合　　　　計	10,092	100.00

資料來源：法務部統計處

一般說來，少年犯之原因是相當複雜的，無法以單一的原因來說明。

觀之六十九年之少年犯罪原因中，以家庭因素居首位，佔百分之四一‧一五，其中又以父母的管教態度之不當爲少年犯罪的最重要因素，佔全體少年犯之百分之三六。社會因素佔百分之二六‧一七居次，其他因素如不懂法律常識、愛慕虛榮、懶惰遊蕩居三，至於心理因素、生理

因素及學校因素則分居四、五、六位；家庭與社會因素不可忽略是顯而易見的了。

四、臺灣地區少年犯罪之趨勢

根據統計資料，臺灣地區少年犯罪之趨勢可以歸納成下列各項：

（一）犯罪少年之人數與犯罪率有增加之趨勢（詳前）。

（二）犯罪少年之教育程度逐漸提高：根據內政部警政署的資料，民國六十一年，小學程度的少年犯佔百分之五一・四一；到六十九年時，因為九年國教之普及，國中程度之少年犯高達百分之六三・四六，可見隨着教育水準之提高與普及，少年犯之教育水準也會相對地提高。

（三）犯罪少年漸以父母俱全的中產家庭為主流：根據法務部統計處之資料，六十九年之少年犯中，出身於小康及中產以上之家庭者佔百分之六〇・一〇，出身於父母俱存的家庭者佔百分之八八・六三，此點似乎推翻了「少年犯皆出身於貧困或畸形家庭」的說法。

（四）少年犯之暴力犯罪並未增加，反而在六十年以後漸漸減少：近年來，一般人的印象中，總認為少年暴力犯罪有增加之趨勢，唯證之法務部的資料（圖三），六十年至六十九年這十年間，青年和少年犯罪的總數確實是增加了，但少年犯之暴力犯罪於六十六年以後逐年增減，而大幅增加的是十八歲至二十四歲的青年，和六十年比較，該年齡層之暴力犯罪指數在六十九年時高達二五七・四八，這是一件必須澄清之事實。

（五）少年犯之犯罪年齡有向下延伸之趨勢：根據法務部之資料，十二歲以下之犯罪兒童由六十五年之一六三人（佔百分之一・八三）增至六十九年之三七〇人（佔百分之三・六七），甚至於延伸到八歲以下

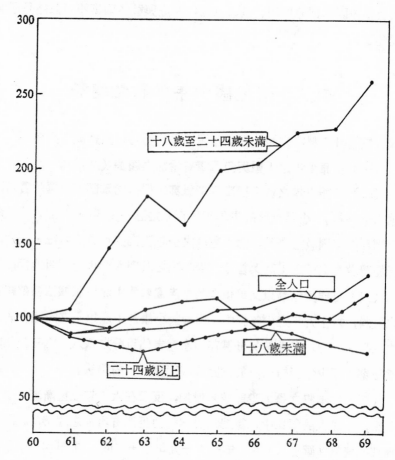

註: 本資料包括殺人、傷害、強盜搶奪、恐嚇、擄人勒贖及妨害自由。

資料來源: 法務部統計處

圖三　60～69年臺灣地區暴力犯罪指數

者，此等現象必須予以重視與預防。

　　（六）虞犯少年濫用藥物之情形日趨嚴重：依據臺灣地區各地方法院所審理虞犯少年使用麻醉或迷幻物品之資料，施打速賜康、吸食強力膠及紅中ニ(Seconal)、白板 (Norminox)、青發 (Amytal) 等迷幻物品

之少年迅速地增加，在六十五年時才二九六人，到六十九年時已達一、四〇〇人，五年內增加了三‧七三倍，這其中尚且未包括第一次吸膠而僅被處以違警罰法之少年，此實一怵然心驚的數字。

五、少年犯罪之防制

如果將社會視爲一有機體，少年犯罪即是該有機體的一種疾病，犯罪少年便是病變之細胞，如今疾病之來源與症狀皆已描述於前，經診斷後，如何治療與加強預防乃是當前之急務，作者謹提供幾點淺見，以就教於讀者：

（一）**以輔導感化代替防治懲罰，以教育導向代替司法導向**：報復主義曾是處理犯罪問題的指針，但人道主義抬頭後，促使有識之士接受「犯罪是疾病」的看法，應找出病源加以治療，而且更積極地加以預防，以期使社會有機體中的每一個細胞都能有效地運作。

（二）**整體性親職教育之規畫與實施**：少年犯罪之主因中，家庭因素高居第一，使得「親職教育」更形突出，惟在實施過程中有力不從心的感覺，因爲「親職教育」應是長期且全面性的工作，但現今却缺乏體系，無人能確認其具體內容，推廣途徑與預期目標，只靠學校一學期一次的母姐會，社會偶爾舉辦的媽媽教室，實無法克盡其功效。

（三）**組織民間社團有效地參與少年犯罪之防制工作**：民間與政府力量的結合方足以達到全面防制少年犯罪的目的，但目前各民間組織如張老師、熊大姐電話、勵友中心等却各自爲政，未能有效地結合，致使該工作之推展事倍功半，慶幸的是民間團體已漸有覺悟，本年八月八日臺北市國際青年商會主辦了「社團參與青少年犯罪防制工作座談會」，邀請各有關人士共同研討，雖未能就「社團如何參與青少年犯罪防制工

作」提出具體建議，但至少表示民間團體已有心參與此工作，且瞭解社團在本工作中將居重要角色，此乃一大突破，可惜未引起廣泛注意。

（四）**關懷社會之「邊際人」**：都市化與工業化的結果，使得鄉村人口離鄉背井湧入都市，這些「闖入者」無法立即投入核心，只好在都市邊緣打轉，在缺乏親情支持、求職挫折、日常生活不方便及價值體系不同的情況下，失敗感油然而生，漸漸心存不滿，對自己則自暴自棄，對社會則憤怒仇視，無法找到其角色與地位之平衡點，此點以山地青少年爲甚，故如何協助這些迷失的「邊際人」在職業訓練、求職、飲食、住宿、交通及情感方面的問題，乃是當前之要務。

（五）**深入探討「犯罪次文化」**：犯罪少年常形成其獨特的次文化體系，不同於大眾文化，但一般犯罪學者與實務工作者却常以大眾文化的價值標準來評價他們，以高高在上的指導地位去「協助他們」，以致於無法被他們所接受，更談不到防制效果了，在未能瞭解犯罪少年的次文化以前，又那裏能消弭犯罪與預防犯罪呢？故探討犯罪次文化乃是應優先從事的工作。

（六）**輔導工作全面化**：輔導工作在教育界早已被列爲重點工作，且頗具成效，但少年並非離開學校就能一夜之間成長獨立。萬一在離開學校後發生困擾，少年們常有求救無門的感覺，故輔導工作全面地推展是一正確的方向；目前經濟部、內政部、青輔會及救國團、張老師等單位正全力在推廣「勞工輔導工作」，惟仍需工、商界之大力鼎助。

（七）**改進少年犯罪之矯治工作**：新竹少年監獄之獄舍、補習教育與職業訓練皆頗現代化，惟希望在管理態度與方法上改進，在軍事化的管理下引進輔導的態度與技術；至於桃園、彰化及高雄三所少年輔育院之陳舊與不夠現代化，早爲有心人士所詬病，故中央已於本年七月一日接管，法務部早已訂定計畫，編列龐大預算，以更新設施及增加編制之

員工，並更替部分工作人員，以期引進現代感化教育之設備、知識與技術，期待能有一嶄新之面貌。

（八）**推廣更生保護制度**：更生保護法自六十五年立法以來，迄今已五年，但出獄少年在社會上所遭遇的就業、就學及適應問題仍是困難重重，無所突破，實在可惜。對於臺灣更生保護會及其所屬分會如何有效地運用其龐大的產業，作者有下列意見：㊀擴大宣導更生保護工作，減少社會人士對出獄受刑少年之懷疑與敵視；㊁加強教導感化、技藝訓練、安養與就醫等直接保護工作，但避免養成其依賴心理：㊂擴大就業、就養等間接保護工作，增加其自立自足的能力；㊃在必要時才採用資送回籍或小額貸款；㊄妥善運用現有資源，開創生產事業，提供受保護人之就業機會；㊅更生保護工作之專業化；務期有效發揮更生保護之功效，減少再犯率。

（九）**切實執行「防制青少年犯罪方案」**：民國六十八年八月行政院所屬各機關協同司法院、救國團、臺灣更生保護會共同制訂該方案，內容包括親職教育、青少年之一般輔導、勞工服務、就業輔導、康樂輔導、淨化大眾傳播內容、管制麻醉及迷幻物品、不良行為及虞犯之預防、觀護制度、矯治制度與感化教育等十一項，稱得上是兼具矯治與預防多元目標的綜合性方案，各有關機關如能摒棄本位主義，共同合作，切實執行，必能有助於少年犯罪之防制工作。

六、結　論

少年犯罪之日趨嚴重乃是不容否認的事實，有心人士皆為此而憂心忡忡，為減少少年犯罪而努力，但少年犯罪之矯治與預防，單憑少部份之人力與心力是不夠的，必須仰賴全體社會成員之投入，因為個人是社

會有機體的細胞，應爲該有機體的健康與否擔當部份責任，其中最重要的是健全個人與健全家庭，勿將「不良少年」之標籤加諸少年身上，對已犯罪而有心遷善的少年給予再新的機會，切忌不留活路，逼使出獄少年走上再犯罪之絕路。

參 考 書 目

六十九年臺灣刑案統計，內政部警政署刑事警察局。

六十九年法務統計專輯，法務部統計處

六十九年犯罪狀況及其分析，法務部犯罪問題研究中心。

江玉龍主編　臺灣地區少年犯罪問題之社會資源調查分析及其防範對策，臺灣省政府研究發展考核委員會，民國六十九年。

　　蔡德輝　少年犯罪與處遇新趨向之探討，兒童福利論文專輯，民國六十八年，五六～七一頁。

　　陳麗欣譯　犯罪與少年非行之預防（上）（下），法務通訊，一○一○、一○一一期，民國七十年。

　　陳麗欣　少年犯罪理論之介紹（上）（中）（下），法務通訊，一○二二、一○二三、一○二四期，民國七十年。

Wang Charlatte S. Y. "*Toward A Multivariate Causal Model of Juvenile Delinquency*", The First Asian-Pacific Conference on Juvenile Delinquency, 1979.

Lee Hsing-tang (李興唐) "*Subcultural Theory and Juvenile Delinquency*," The First Asian-Pacific Conference of Juvenile Delinquency, 1979.

十、政治參與問題

第十九章　美國的政治參與及其問題

郭　文　雄

　　美國成功的民主政治可說是世界各國的典範。它的公民參與政治的程度在過去幾十年來極受學者的注意與研究。理論上我們也許會猜想美國的公民，在此種非常穩定、自由的民主憲政下，必然是關心政治，對政治消息靈通，活躍於政黨政治與選舉上，同時政府做公共政策決策時，他們總會積極表達喜憎。可是從實際蒐集來的資料顯示，美國的公民並非對政治如此熱衷，與其他許多民主國家的公民相比，政治參與程度是中等偏低，大多數不熟悉誰是政治領導者及政策的內容，一般把政治領域當成生活上的邊緣，政治參與充其量是膚淺而不深入。針對這種狀況，學者辯論到美國的民主政治的實質問題時，曾懷疑是誰控制統御政事？又懷疑旣然政治參與程度不出色，而民主政治却能在軌道上圓滑運行，那麼政治參與在民主政治下重要性又是如何？

　　這些問題卽是本文所着重申述者。本文先介紹美國人民參與政治的幾個方式，接着說明政治參與率不平等的現象，再討論政治參與的影響極限，最後轉回來討論民主政治的實質問題，與臺灣的情形做比較。

一、政治參與的方式

「政治參與」這觀念可指人民參與政治過程，以個人或團體行動，謀求影響政府的結構、公共政策，或政府官吏的選擇等具體行為而言。(Alford 41 Friedland, 1975)。政治參與在過去較老的研究中，缺乏系統性的概念理論，通常僅以投票行為當指數，直到近年來，墨巴 (Verba)、耐 (Nie) 與他們的同事們在這方面深入探討後，這個概念的使用在方法學上才漸漸有一致的方向。

墨巴與耐（一九七二）立論指出每件政治參與的活動並非都能收到同樣的影響力，導致同度性的社會衝突，並非都需要他人來做同等性的合作、具有同等的難易。故他們認為量度政治參與的行為時，該依此四種不同的理論成分考慮參與行為的不同方式。舉例說，雖然基本上投票這件事牽涉利益衝突（即位置一個，許多人競選），可是投票行為本身僅需要極少的個人投資。它是種個人行動，不必贏取他人的合作協調，個人去投票只花一點點時間，精神與金錢代價不高。可是助選行為則不同了。它不但要求較高度個人的自發自動，亦需要去接觸廣泛的羣衆，以贏取合作。互相比較下，助選這政治參與行動比投票代價高，故也較難辦到。一般說代價犧牲愈高的政治行為，愈少有人去採行。

墨巴與耐根據這些理論基礎為出發點，又採用統計學上的因素分析技巧為輔，提出政治參與活動，可一般性地歸為四類：即助選活動、投票、地方公事活動，及個人化的接洽活動。這四類活動似乎放諸四海而皆準，因為除了美國資料外，日本、印度、奧國、奈及利亞的資料皆揭露存有這四種政治參與的因素。其中助選活動指個人在選舉期間捐錢給候選人、參加政見發表會、替政黨運動，或勸他人投某候選人票等。投

票指個人是否在全國性或地方性的選舉中投票，地方公事活動指個人是否爭取他人合作，組織社團或團體；是否在社區組織中活躍；是否跟地方官員或名流因地方公事做接洽。個人化的接洽則指因私人利益個人向地方上或更上級的官員接洽、運動等等。

墨巴與耐依此四種不同的參與方式將美國的公民加以分類，發現公民最普遍的政治參與不外是選舉時投投票這一方式而已。人口中有百分之二十二完全沒政治參與；百分之二十一為「投票專家」，他們只投票，不做其他參與；百分之四為「地方參與者」，這些人選舉時投票，平常做些個人的接洽，但不助選，不做地方公事活動；人口中有百分之二十為「公事專家」，他們組織地方活動，參加投票，但沒助選，沒個人化的接洽；百分之十五為「助選者」；其他百分之十一則為完整的政治參與者，卽他們樣樣都參加。

另一項研究 (Milbrath & Goel, 1977) 亦同樣地支持墨巴與耐的這項資料。據估計大概美國人民中只有百分之八屬於組織或社團，百分之十到十二捐錢給候選人，百分之十到十五接洽過官員，百分之二十到三十試過影響他人如何投票，百分之三十曾經試過為社區問題做些事，百分之四十到七十曾經在總統選舉或地方選舉時投過票。總而言之，美國的公民參與政治的程度並不很高，政治參與的平常風氣不溫不熱，只有總統競選時才眞正見到生氣蓬勃的現象。

二、不平等的政治參與

除了政治參與程度中度偏低外，美國的政治參與顯然地仍存有社會階級的不平等現象。社會經濟地位的高低與政治參與的程度成正比。墨巴與耐把美國公民的經濟地位三等分：上、中、下三層。他們報告說最

活躍的美國公民中，約百分五十七來自上層的社會經濟地位，只有百分之十四來自下層。在另一端不活躍的公民中，情形恰好顛倒過來，不活動者只有百分之十來自上層，屬於下層經濟地位者則佔百分之五十九。

此種社會經濟地位愈高，政治參與也愈活躍的關係可用統計上的相關係數表達出來，在美國兩者達到零點三七 (Verba & Nie, 1972)，另外一項資料報告則爲零點四三 (Nie, Powell, and Prewitt, 1969)。無論如何，此兩樣相關係數皆揭露一個事實，即美國如與英國、意大利、德國、奈及利亞、荷蘭、奧國、日本相比較，社會經濟地位與公民的政治參與相關係數偏高。奧國與日本兩者相關在零點十以下，換句話說，在這兩國中，公民的政治參與程度受經濟地位影響較少。

美國爲一強調平等價值的國家，政治參與反而比其他民主國家更受到社會不平等地位的支配。其原因與政黨的特徵有關 (Milbrath & Goel, 1977) 美國政黨的組成分子非常複雜，形形色色的社會階級分子構成兩大政黨。歐洲的政黨則不同，因爲他們常以某一種職業團體或社會階級爲基礎，故能較有效地動員他們的會員去參與政治。美國的社會缺乏嚴格的社會階級意識，但反而促成經濟地位愈高政治參與愈高的現象。

除了社會經濟地位的差別外，美國的政治參與不平等現象，尚受男女性別、年齡、種族背景等因素的支配。例如儘管女權運動的抬頭，女性比男性政治參與少，國會裏女性議員寥寥可數。黑人雖然經六十年代的民權運動，政治參與大有進展，可是依然落後 (Kuo, 1977)。針對這些不平等現象，政府立法幫助少數民族取得經濟自主與發展；在南方則繼續推動聯邦投票法案以打破種族歧視下黑人參政的限制；在選舉法規中則致力放鬆改善現行選舉註冊法。後者影響全國的投票率尤大。美國選舉法中規定公民在某一選區內住過某段法定時間後才能註冊投票。據

估計此項居留時間的規定，使得四百萬人在一九五〇年時被摒棄在投票所外，到了一九六〇年增加到八百萬人。一九七二年美國高等法院判決田納西州九十天居留期間的規定違憲，此後各州大量縮短居留時間，現在除了德克薩斯州尚堅持兩個月外，其他州居留時間的規定爲三十天或更短。但許多公民依然因此無法登記投票。

　　繼續推動聯邦的投票法案對黑人的政治參與特別緊要。南方幾州歷史上故意把投票登記法弄得複雜困難，使用種種教育程度測驗來爲難排斥黑人的投票權，美國國會受到民權運動的影響終能通過法案禁止此種排斥手段以及其他歧視黑人的投票註冊，並且聯邦政府有權派聯邦官員到地方上推動召集選民註冊。幾年間像密西西比州黑人的註冊率由六五年的八‧三％增加到七〇年的六七‧六％，白人亦由五七‧九％增加到九二‧二％，最近美國國會還提議更進一步的放鬆註冊法，延長註冊截止日期、延長註冊辦公時間、允許通過註冊等等。這種種的放鬆，據一研究估計 (Rosenstone & Wolfinger, 1978) 將增進投票率的百分之九點一，其中受益最多的卽南方人、黑人、教育水準較低的、收入較低的，與較年輕的公民。

三、政治參與的影響極限

　　旣然美國有政治參與不平等的現象，則其次卽是這現象對民主政治的運行會不會大打折扣的問題？一般人最通常的反應，認爲旣然民衆不太積極於政治參與，政治參與又集中在較高社會經濟階層中，那麼政府政策，官吏的選擇必會偏好此中上階層。這個看法當然具有相當道理，但可惜這種看法把政治參與爲因政策爲果的關係估計過高。換句話說，我們尚沒有確定的學術證據說政治參與一定使得當政者向人民更負責，

另一方面，要影響政府的政策也不一定僅靠公民政治參與這個途徑。報紙的輿論，職業遊說者皆可影響國會立法及政府的政策。更進一步說，政治參與和取得政治權力也沒有一對一的因果關係。我們可用以下四種情形來說明：第一種是公民參與了政治才取得政治權力，第二種是參與了還是沒有政治權力，第三種是不必參與亦有政治權力，第四種是不參與也沒權力。這些表示政治參與與政治影響的實質微妙關係。

在實驗研究上，學者非常關心政治參與的實際效果問題。持較樂觀看法的一派可以墨巴與耐為代表。他們利用一種居民與地方領導者間意見符合的指數來間接測量地方領導人物是否對居民負責這一觀念，他們發現當社區的政治參與程度愈高時，居民與領導者間對那些地方問題需要優先解決的看法之同意程度也愈高。另外，他們尚報告說，在每一個不同程度的政治參與的社區裏，領導人物並非各階層的居民做同等性的負責。在政治參與極低的社區內，領導人物的看法與住民相差最遠。可是在政治參與較高的社區中，領導人物對那些問題該優先解決的看法不但與全體居民較接近，同時和社區中政治參與的活躍者最接近。故此項資料似乎證明政治參與可收到使領導人物向公民負責的功效。

別的一些專家研究政策的後果如開支情形、稅率，或議會代表的投票紀錄，發現政治因素譬如政治參與對這些沒有什麼顯著的影響。戴(Dye, 1966) 分析過各州政府開支的情形，發現政治參與和開支的形態只有「低度相關」。容斯 (Jones, 1973) 亦指出議員投票的紀錄與他們選民對這些政策的態度無關。這些文獻使得亞爾法與佛立連 (Alford & Friedland, 1975) 懷疑政治參與可直接取得政治影響力的看法。他們以為政治參與會不會取得影響力要看參與份子是誰，政府權力的集中或不集中。他們認為各州政策的結果如開支這一項與選民政治參與低度相關的原因，因然一方面是由於官員做預算時採取年年逐增的策略以保障生

存，另一方面也由於政策一向偏好經濟發展，偏重於保障私人大型資本
和公司的結果。他們認為美國地方政府的課稅自主權以及為了補救地方
財源之不足，常以鼓勵工商發達，降低稅率為餌吸引私人資本或大企業
到地方建廠，日久後使得私人資本在政治上佔有舉足輕重的地位。這些
控制經濟的勢力經常能有效地阻擋其他民間力量對他們在政治權力上的
排擠，他們不必政治參與亦可享受與政治上的影響，當政者為了確定地
方繁榮、人民就業，做決策時往往不得不事先考慮這些經濟勢力的利害
關係，同時為了避免政策的失敗或經濟勢力的反對，執政者常以維護現
況為上策。於是政治體系變成保守，偏袒少數利益。通常情況下，這種
作法也許不會產生太多弊端，可是積弊日久，社會問題漸成嚴重。結構
與政策的缺乏彈性，常促使社會的反對力量或抗議走向極端的路線上。
因為正常政治參與途徑一旦走向死胡同，許多公民就使用反常態，反制
度化的手段向政府抗議，一九六〇年的暴亂時代，犧牲了多少人命、財
產，說明了正常政治參與功效之有限。

四、政治參與與民主政治的實質問題

我們已明瞭美國政治參與的極限，公民的低度參與，以及參與不
平等等情形，最後最重要的一個問題即為什麼美國民主政治尚能繼續成
長，滿足人民的政治要求？經過這許多年對政治參與的研究，其中最常
提到的原因為下面幾項：第一是承認現代工業社會裏分工愈來愈細，政
治活動亦如此。一般人民雖然沒時間，沒精神去參與關心政治，却有職
業從政者透過政黨政治這制度互相監視，互相競爭爭取選票。政黨政治
簡化政治過程，使得公民在選擇政策，及民意代表時較容易。公民依據
政黨過去的紀錄，競選政綱，知悉瞭解候選人的人格以及大略趨向，少

掉許多公民需要本身搜集政治消息的負擔。第二，美國的政治溝通管道暢通，報紙輿論獨立堅強，人民有集會，請願，示威的充分自由，民眾如要反應意見，沒有各種刁難阻礙。加上大眾傳播發達，利益團體活躍。這些積極注意政治事件，政策動向，就是民眾疏忽時，他們也會發揮傳播政治情報、評論政策好壞的功能。第三，美國的政黨政治已經制度化。政治領導人物比一般公民更富有民主價值觀，尊重民主政治規則，故政黨注重公平競爭，不會用不合憲法的手段去破壞、威脅、打擊、消滅反對黨。黨內本身民主化，黨內領導人物從社會階層選拔而出。更重要的是政黨政治的取權方式是訴諸選民的投票。兩黨知道一次的選舉失敗，下次還可捲土重來。選舉必須定期舉行，贏者如要繼續當政，需要選民的重新投票肯定，同時讓反對黨利用這機會爭權，批評現行政策的不當，提出其他可行辦法。總括之，民主政治就像熊比特 (Schumpeter, 1942: p. 269) 說的，「民主的方法是種制度化的政治決策安排，諸人經由角逐，努力爭取人民的選票，以取得作成決策的權力」。

五、結　論

美國民眾的政治參與程度最多只是中等水準，一般人民沒把政治看成生活上最重要領域。政治參與顯出不平等現象，政治參與較活動的社會階層多為中上社會經濟地位者。但儘管政治參與程度的如此偏低，民主政治尚能上軌道，這主要的原因為職業從政者尚能向選民負責，服從「民之所好好之」的原則。政治領導者透過政黨政治、議會政治行使了許多公民直接參與政治的同樣功能，同時政治溝通普遍，政黨、政治領導者遵守民主原則，民眾享有定期選舉的機會，允許他們挑選不同政黨

所推選出的候選人。

　　最後，作者認爲中低度的政治參與雖然實際上沒干擾民主憲政的運行，但如果把政治參與本身當目的，認爲政治參與是民主的一種生活方式，那麼現行中低度的政治參與表示沒達到古典民主論派的理想：全民參與。古典民主論要公民直接參與政治，要每個成熟的人參加塑造與其他同類一起生活有關的法規與價值。政治參與是種個人自我發展的一種機會，故甚至國家能有極賢明的執政者爲民做良策，古典民主論仍然不能接受此種政體。英哲學家密爾 (Mill) 曾說：「在此種政權中，人會變成什麼樣子？他們的思考力與活動力能發展嗎？」換句話說，公民參與政治的最重要目的不在乎影響政策，而是參與這行爲本身即是「善」，它擴充了個人的境界。美國的現有參與水準，表示許多公民尚沒有實踐公民職責，現行社會、經濟、政治制度上尚有許多障礙，使得千千百百的公民無法參與政治，離古典全民民主理想尚有一段距離。

參考書目

Alford, Robert and Roger Friedland, *"Palitical Participation and Public Policy"* in A. Inkeles, et. al., (editors). Annual Review of Sociology, 1975, pp. 429-479, Palo Alto Cal: Annual Review Co.

Dye, T. R. *"Politics Economics, and the Public: Policy Outcomer in the American States,"* 1966. Chicago: Rand Mc. Nally.

Jones, B. O. *"Competifioneness, Roleorientatiseons, and Legislative responsiveness,"* Journal of Politics, 1973, 35: 924-47.

Kuo, Wen H. *"Black Political Participation: A Reconsideration"* Journal of Political & Military Sociology, 1977, Spring: 1-16.

Milbrath, Lester and M. Goel, *"Political Participation,"* 1977. Chicago: Rand Mc. Nally.

Rosenstone, Steven and R. E. Wolfinger, *"The effect of registration laws on voter turnout,"* American Political Science Review, 1978. 72: 22-45.

Schumpeter, Joseph. *"Capitalism, Socialism and Democracy,"* 1942. New York: Harper.

Verba, S., and N. Nie *"Participation in American: Political Democracy and Social Equality,"* 1972. Harper & Row.

Verba, S., N. Nie, and J. O. Kim. *"The Moder of Democratic Participation: A Cross-National Comparison,"* 1971. Beverely Hills, Calif: Sage Publications.

第二十章　臺灣的政治溝通和政治參與問題

陳　秉　璋

一、前　言

　　國父眼見滿清政府之腐敗無能，面對列強的瓜分中國，深深感到有亡國的危機。因而號召同志，從事革命大業，終於推翻了滿清政府，建立亞洲第一個民主共和國，並手著三民主義，以期透過軍政、訓政與憲政的三大時期，爲黃帝子孫奠定億萬年的民主基業。只是不幸，革命尚未成功，先有袁氏的稱帝復辟，續有日本軍閥的入侵與蘇俄的窺伺，終於造成了大陸的淪陷。如今中國大陸經過三十餘年的紅色政權統治，似乎已經證明了一件事實：共產思想絕不適合於中國社會。相反地，政府自從遷臺以來，不斷地以民主爲號召，企圖以成功的民主政治，去奪回過去所失去的大陸民心，藉以重建中國政治上的再統一。由此觀之，臺灣民主政治之成功與否，不但關係到整個中國人的未來前途，而且可以說是實現　國父遺志的唯一寄望。

　　三十餘年來，由於臺灣國內外特殊政治環境之故，政府爲了自保與發展，在推行民主政治的大道上，確實有了許多風風雨雨的事聞。同

時，隨着國內外政治情勢的變遷，臺灣民主政治的形象，似乎也有了極其明顯的改變；到底原因何在？其過程又如何？未來的導向往何處去？確實值得我們去探究。我們認爲政治溝通和政治參與是體現民主政治所不可或缺的兩大基本要素。因此，想拿它來做爲分析的判斷標準，從回溯重大政治事件與歷史客觀事實中，去求得上述種種問題的答案，並藉以瞭解政治溝通和政治參與在臺灣民主政治的確實情形。

二、分析的方法、架構與假設

就方法論的觀點而言，本文採用德國社會學家韋伯（M. Weber）所提倡的「社會行動瞭悟法」之精神（因爲是寫文章而不是作研究，所以說只採用其精神）。韋氏認爲社會（或政治）變遷的主要原因有二；其一是制度本身的變化，其二是活在制度內個體該對於制度變化所賦予「主觀意義」的結叢。舉例說明之，影響臺灣政治變遷之一是中央民意代表機構，其變化要因有二：其一是該機構本身的老化與僵化，其二是臺灣一千八百萬人對於該變化的看法。他認爲後者還遠比前者更爲重要。基於韋伯這種瞭悟精神，我們將按照以下的架構，進行歷史事實的分析：

1. 依照方法論 事先爲政治溝通和政治參與下個操作性定義，以便界限分析的範圍與內涵。

2. 政治溝通和政治參與 涉及統治者（政府）與被統治者（人民）間的互動過程。因此，韋伯所謂的「主觀意義」結叢，就應該分爲：政府主觀意義結叢與人民主觀意義結叢。同時，影響這兩種主觀意義結叢的因素，主要是來自客觀環境之變化。因此，我們的分析也特別注重所謂「情境」（situation）的變化問題。因爲它是決定主觀意義的條件

(condition)。

　　依照上述方法與架構，我們提出本文的假設如下；國內外情境的變化，必然會影響政治溝通和政治參與，進而決定該政治體系的民主性。

三、政治溝通和政治參與的操作性定義

　　所謂政治溝通，一般說來，可以分爲廣狹兩義。廣義的政治溝通，泛指政治體系本身對於其情境(situation)變化過程的自我調適性回答。換言之，政治體系對於其周圍環境（包括國內外自然環境與人文條件）之變化過程，隨時都在做自我調整的反應，藉以達成自存與發展的目標。這是美國所謂社會動員學派(Social Mobilization School)所研究的主題。狹義的政治溝通，單指統治者（政府）與被統治者（人民）之間，爲達成政治文化的一致性，所產生的互動政治過程。如果套用伊斯通(D. Easton)的術語來說明，狹義的政治溝通，專指輸入(input)與輸出(output)之間的互動政治過程而言。

　　基於以上的認知，我們爲本文提出折衷意義的定義如下：在政治情境的變化過程中，政府與人民爲了達成政治文化的一致性所產生的互動政治過程。這個定義包括了以下重要因素：

　　1. 政治情境　包括國內外政治環境與人文社經條件，這些隨時都在變化中。

　　2. 政府與人民　兩者都是政治溝通的主體。

　　3. 政治文化的一致性　所謂政治文化，泛指一切政治目標、政治觀念、政治價值、政治行爲與政治態度等之總和，當政府與人民對於政治文化有共同認知時，我們稱之爲「一致性」，這是政治整合與政治安定的基本要素。相反地，政治文化的不一致性，往往是政治衝突的基本

要因。因此，政治溝通的功能與目的，就在於建樹這種政治文化的一致性。

4. 互動政治過程　政治溝通的互動過程，通常透過下列主要管道，藉以達成政治文化的一致性；大眾傳播工具，政黨或壓力團體，非正式接觸。

所謂政治參與，一般學者的定義也相當複雜，韋納 (N. Weiner) 教授就曾經列舉過十種不同性質的定義。在參考各種定義之後，我們為本文提出廣義性質的定義如下：政治行動者 (political actor) 意圖直接或間接影響政治決策的各種行動，謂之政治參與。這個定義包括下列因素：

1. 政治行動者　也就是政治參與的主體，學者有兩種不同的主張；其一以麥克羅斯基 (H. Moclosky) 為代表，認為政治體系內的成員，包括政治活躍分子、政策制定者在內，皆得為政治參與的主體，其二以倪伊 (N. H. Nie) 與佛巴 (S. Verba) 為代表，主張政治參與的主體，單指一般人民而言。我們採取前者廣義的主張。同時，所謂政治行動者，除了個人之外，還包括組織與羣體。

2. 直接或間接影響政治決策的意圖　所謂直接或間接的意圖，是指行動者對於本身活動所預期產生影響力的深淺而言。從最直接（深）的奪取政權到最間接（淺）的個人化接洽活動，都包括在內。我們可以依照意圖的深淺，把這類政治活動分為：政黨之參與、選舉之參與、團體之參與、政治傳播之參與，以及地方或個人化接洽活動。

3. 各種行動　所謂各種行動，包括所有合法與非法性、志願性與操縱性的政治性活動。因為政治性活動的合法與否？是否如志願性抑或操縱性？很難有客觀性的判準，尤其在開發中國家，民主政治尚未制度化，又缺少民主文化的傳統，所以很難加以區分。同時，即使是非法性

或操縱性政治活動，對於政治體系之影響亦相當大，所以我們主張都應該涵蓋在政治參與的範疇內。

依照上述方法、架構、假設與定義，我們擬從政治溝通和政治參與的角度，來分析三十餘年來臺灣民主政治的歷史事實。

四、政治溝通和政治參與在臺灣

就過去三十餘年臺灣民主政治的歷史事實來看，政治溝通和政治參與，確實有了相當大的改變。我們想從過去的歷史事實，分別去分析：到底是什麼因素，決定了早期臺灣民主政治的政治溝通和政治參與之模式？什麼因素的改變，又促成晚近政治溝通和政治參與的新形象？其過程又如何？

(一) 早期的政治溝通和政治參與

早期的政治溝通和政治參與：從政府遷臺初期的歷史事實，我們可以列舉下列幾種影響臺灣民主政治的重大因素：

1. 國內外特殊政治環境　就國內而言，大陸剛剛淪陷，舉國上下，本着反攻大陸的神聖政治目標，精誠團結在一起。一方面，這種神聖理想的政治目標，已取代了政治溝通所要達成的政治文化之一致性。他方面，政治參與亦被認為內部自我分化的活動。尤有進者，為了防止匪諜的滲透，在全國軍事戒嚴法之下，民主式的政治溝通與政治參與，當然被認為「不必要的惡」。就國外而言：我們還保有聯合國的席位，承認中共政權的國家，為數尚少。換言之，當時我們的國際地位還相當穩固。更何況美國在艾森豪總統的領導下，對中共採取所謂軍事圍堵政策，尤其在韓戰發生後，中共被聯合國譴責為國際侵略者，這一切的國

際情勢，在在都有利於臺灣內部的政治號召，更加強了政府與人民的反攻信心，取代了西方政治溝通和政治參與的存在價值。

2. 傳統儒家的王道政治思想 從純粹政治學的觀點，我們可以把政治溝通的理論基礎分為三大類：其一、以理性為基礎的政治溝通（西方民主式）。其二、以武力為基礎的政治溝通（馬基維利的霸道政治，以力服人）。其三、以道德為基礎的政治溝通（以德服人）。儒家的王道政治思想，正是這種以倫理道德為基礎的政治溝通，假定執政者皆為堯舜之輩，行仁政、以德服人。所以儒家不講求上下間的互動溝通，所謂探求民隱，至多也是由上而下的單行道式仁政而已。在這種王道思想的影響下，不但政府（老一輩執政者）容易漠視政治溝通與政治參與的民主功能，而且，人民本身亦不會積極去爭取。

3. 轉型期社會的困境 從農業社會過渡到工業社會的期間，我們把它稱之為轉型期社會。早期的臺灣社會，正處於這種期間。依照一般政治社會學者的研究，轉型期社會的困境，在於它逐漸失去了傳統文化而尚未接受現代化文明的價值。就政治而言，消失中的傳統政治文化，既無法完全拋棄，追求中的現代化文明價值，也無法全盤接受。在此情況下，西方式以理性為基礎的政治溝通，實在很難發揮其功能，因為政治文化之本身，已落入傳統與現代的自我矛盾中。因此，政府為了謀求政治的安定，往往很容易忽視民主政治，人民為了迎接工業社會，也熱衷於經濟活動，而忽略了政治權益的追求。

4. 國父訓政思想之影響 因為 國父在三民主義裏，提出所謂軍政、訓政與憲政的三個時期，藉以完全實現未來的民主政治。因此，在早期臺灣的民主政治，政府常常以訓政時期的理由，限制人民在憲法上的保障權利，這種說詞，當時也比較容易為人民所接受。

由於以上種種因素之影響，早期臺灣民主政治的政治溝通和政治參

與，就呈現了以下的幾種特徵：

1. 就政治溝通而言

政治溝通的互動主體——政府與人民，在反攻大陸的神聖政治目標下（政治文化的一致性）已不是「政府對人民」之間的互動關係，而成為「舉國上下的一致關係」。因此，一切政治溝通（西方式）的正常管道；大眾傳播工具，政黨組織或壓力團體，非正式接觸，不但被視為不必要的奢侈品，而且有被匪利用為分化我方力量的嫌疑。因此，政府不但不加以鼓吹，反而設法加以禁止。這種精神充分表現在政治參與的操縱式對策上。他方面，政府的這種作風，大致說來，也很容易得到人民的體諒。換言之，為了應付國內外特殊政治環境之變化，本着傳統儒家的王道政治精神，本諸　國父三民主義的訓政說辭，西方民主式互動政治溝通，已轉為由上而下的單行道式「溝通」。我們這種看法，可以從當時的政治參與得到明確的驗證。

2. 就政治參與而言

在反攻大陸的神聖共同目標與全面軍事戒嚴下，不但嚴禁一切明顯的非法政治活動，即使西方式民主政治視為最基本的政治參與行為，亦成為法令所禁止的對象，簡單說明如下：

① **政黨之參與**　國民黨成為絕對優勢黨，人民除了有權參加該黨之權力外，憲法所賦予人民的「組織政黨之權利」，都暫時且繼續使之停頓。

② **選舉之參與**　在政治法統的絕對必要下，憲法所賦予人民的有關中央性選舉權，亦暫時且繼續給予凍結。換言之，中央級民意代表給予無限期之延長，人民只給予地方性的選舉參與。不過，就學理上而

言，有兩點重要事實，我們不得不指出的：其一，地方性的選舉參與，變成地方派系的互鬥行為，很少有影響政治決策的意圖。其二、臺灣省主席的法律地位問題，很引起一番議論。

③ **團體之參與** 憲法所賦予人民的所謂集會與結社自由權，亦暫時且繼續予以禁止，尤其是政治性的集會與結社為然。

④ **政治傳播之參與** 憲法雖然賦予人民以言論與出版之自由權。然而，政府透過大眾傳播工具的有效檢查與控制，人民在這方面所能參與的限度，實在令人懷疑。尤其過去對於出版法的嚴格限制，更是如此。

⑤ **與官員接觸行為** 這是指人民為了地方性或個人利益，直接與有關官員接洽的行為。就這一層次的政治參與而言，據我們的瞭解，雖然政府一再鼓勵，然而人民的參與也並不十分積極。其原因可能有三：其一、地方性的官員，多少帶有傳統做官的官僚作風（今天政治改革中的所謂便民，就是針對此惡習而發的）；其二、中國民間的傳統流風，百姓不願與官方打交道；其三、地方派系互相爭鬥的程度相當利害，阻礙此項活動的實際功效。

由此觀之，早期臺灣民主政治，如果拿西方——尤其是美國式——的政治溝通與政治參與為判斷基準去衡量的話，其民主性已降低到相當程度。然而，就我們分析方法所提出的「主義世界」而言，活在臺灣政治體系內的人，對所謂「舉國上下」（包括政府與所有人民）的概念，仍能欣然接受，因為政治文化的一致性，所追求的理想神聖目標，遠超過現實政治主義所標榜的民主底重要性。

雖然如此，臺灣民主政治所依據的畢竟是西方民主精神的憲法，處處保障着有關政治溝通與政治參與的人民權利。同時，政府所賴以對抗共產集團的立場，又是實施民主憲政、堅守民主陣容。因此，這種立國

精神與上述實際決策的顯明對比，往往不免引起一些「社會精英」的議論。這一點說明了早期臺灣民主政治，在我們所謂「舉國上下欣然接受」的情況下， 仍然不免發生一些風風雨雨的政治事件。 像公論報事件、「自由中國」雜誌事件、彭明敏事件等等。

(二) 後期的政治溝通和政治參與

接着，我們擬再分析，那些因素或情境改變了上述臺灣民主政治的性質或形式，而產生了什麼樣的新形象。從七十年代的歷史事實，我們可以舉出各種相關因素如下：

1. 就國外而言

具有決定性的因素有二：其一、美國放棄了軍事圍堵政策，走向現實政治主義；以乒乓外交揭開序幕，經尼克森移樽就教與尼周上海公報的簽訂，決定了美國承認中共政權的方向。終於有了一九七八年華盛頓與臺北間的斷交震撼。其二、中共本身也改變戰略，把武力解放臺灣的黷武軍事主義， 故意含混其意、 曖昧其詞， 向全世界進行笑臉外交攻勢， 全力打擊我們在聯合國的地位，終於造成了我國在外交上的節節失利，最後退出聯合國。這種國際情勢的突然逆轉，不但直接打擊了政府的威信，而且，嚴重地動搖了人民對神聖目標的信心。換言之，過去臺灣民主政治賴以存在的基本要因，受到了強烈的挑戰，政治文化的一致性， 已經顯示出破綻， 政府與人民的主觀意義結叢， 已有了衝突的跡象。從七十年代初期後頻頻舉行國建會，就是個印證。

2. 就國內而言

直接或間接影響臺灣民主政治的重大因素，可以分為下列幾個層面

來探討:

① **就時間上來看** 一方面,政治核心的年歲漸增,與制度本身的不能因應社會變遷,引發了政治制度本身的改革需求,尤其是青年一代的接班問題,日益深刻。他方面,有限度的地方性民主政治之運作,也似乎產生了人民對於民主政治的自我學習之效果。

② **就空間而言** 長期海峽兩岸的分隔發展,沖淡了兩岸人民對於傳統文化的連帶與歷史使命感。換言之,過去老一輩所標榜的理想政治主義與歷史使命,已經被年輕一代的現實政治主義與政治參與之要求所取代。

③ **就經社條件的改變來看** 由於臺灣在國際外交上的失利,政府把行政重心由外交轉入經濟。其結果,造成了空前的經濟發展「奇蹟」,把臺灣轉型期的社會,帶入了工業化國家的邊緣。依照社會動員學派的看法,經濟發展(或工業化)會透過都市化、教育普及、傳播發展、社會流動等層面,增加人民對於政治參與的需求。這也正是一般政治社會學者所謂的『經濟發展必然帶動政治自由化』的過程。換言之,經濟發展的程度與政治自由化之需求成正比。

總之,在現實政治主義、政治革新、年輕一輩的政治責任感與政治自由化之新趨勢等等壓力下,在政治溝通與政治參與方面,政府不但有了新作風,人民亦有了新需求。這就形成晚近臺灣民主政治的上述新形象。

在政治溝通方面,政府已經放棄過去的單向溝通思想。雖然還沒有完全採用開放式的「互動式溝通」。然而,已經注意到上下溝通的重要性。換言之,把政治溝通的主體,逐漸擴大到執政黨之外,而採用我們所謂的「輔導式政治溝通」。這種改變可以由下列歷史事實得到印證;即把政府本身之外的溝通主體分爲三個層次:對於一般人民,透過所謂

文化工作隊的下鄉工作，藉以體現政府與人民之間的溝通實效。對於政治活躍分子的所謂黨外人士，由國民黨主動採取溝通攻勢，設立專門機構，並借重中立立場的政治宿老，積極進行輔導式的政治溝通。對於一般的社會精英，也透過各種會議、公開座談會，以及集體參觀的種種方式，藉以達到溝通的功效。

政府對於政治溝通的思想轉變與新作風，充分表現在政治參與的新形象上。

1. 從過去軍事觀點視戒嚴為絕對必要的時代，轉入政治觀點的戒嚴時代　只留下不妨礙人民實際生活的過渡戒嚴。這是一個關鍵性的轉捩點。因為就前者而言，一切人民的政治自由必然遭到扼殺。依照後者的看法，則在某種程度下，必然可以容忍。這種關鍵式的轉變，再加上建設臺灣的現實政治主義之壓力，就引發了下列各種政治參與的改變。

2. 政黨之參與　黨禁仍然被視為不得開放。不過，在輔導式溝通思想下，有了兩項重大的改變：其一，想從國民黨內部的自我民主化，企圖求得政治活躍份子的諒解，而不再熱衷於籌組新黨。最明顯的作風有：儘量起用新秀，使中央委員年輕化，准予報備競選與徵召競選。其二、積極鼓勵民青兩黨，重整聲勢，藉以發揮多黨政治的民主形象。

3. 選舉之參與　由地方性選舉，不得不舉行中央性的選舉。然而，在輔導式溝通思想之影響下，仍然侷限於所謂「增補選」。同時，對於地方性選舉的派系鬥爭，已感到相當嚴重（以農會選舉為典型），處處也在展開輔導式的溝通，藉以打擊惡勢力而提高地方精英的參與率。

4. 團體之參與　就這一點而言，仍然跟政黨一樣，算是最不開放的。對於政治性的集會與結社，政府的戒心仍然相當深。

5. 政治傳播之參與　一般說來，已經比過去有了大幅度的放寬作

風。然而，對於政治敏感度較高的政治性雜誌與文章，仍然不免有不盡
符合民主之作風，令人惋惜。

6. 個人化的接洽活動 在「便民」的號召下，可能是政治參與最
爲進步的代表。尤其在社區建設方面，人民的參與幅度，可以說相當的
高。

由此可見，隨着國內外環境之改變，在重新尋找政治文化的一致性
上，政府是採取所謂輔導式的溫和改革路線。政治溝通的相對主體（人
民）之反應，則似乎可以分爲兩種：其一、認爲政治的溫和改革是賢明
的決策；其二、認爲民主的腳步過於緩慢，政治參與的廣度應該更加放
寬。這種政治文化的不一致，終於導致了不幸的「美麗島事件」。

五、結　語

綜合以上的簡單分析，我們似乎可以提出以下幾點，做爲本文的結
語，同時藉以印證假設的成立。

1. 依照西方民主政治的構想，政府與人民，必須透過政治溝通，
針對着國內外政治情境與國內經濟社會條件，去取得政治文化的一致
性，再透過自由而開放的政治參與，而使政治體系的民主性得以發揮。
早期臺灣的民主政治，因爲基於特殊的國內外政治情境，在追求理想的
神聖目標下，政治溝通與政治參與，都被認爲是有利於敵人的奢侈品。
因而有了許多限制。

2. 到了七十年代，由於國際情勢的突然改變與國內經濟社會條件
的變遷，迫使政治溝通的主體，不得不重新尋找政治文化的一致性。如
果說，現實政治主義的民主文化是大家共同追求的目標，對於體現的方
式與速度，則有相異的看法。輔導式的政治溝通與改革式的政治參與，

似乎未能滿足政治活躍份子以及部份人民的要求。今後應該採取何種模式的政治溝通，把政治參與開放到何種程度？這是值得熱愛臺灣民主政治的人士共同探討的急務！

　　3. 由前面的分析與結論，我們可回答先提的假設而做最後的結論：即國內外政治環境（情境）的變遷，造成影響政治體系的條件，再透過生活在體系內個體的主觀意義結叢，就產生該體系內政治溝通的思想型式，進而影響政治參與的模式，而最後決定該體系的民主性。

參 考 書 目

Almond G. A. and Sidney Verba: *The Civic Culture*, Boston, 1968. Little Brown.

Huntington. Samuel P., and Joan M. Nelson: *No Easy Choice; Political participation in Developing Countries*, Cambridge, Mass.

Verba, Sidney, & Norman H. Nie; *Participation in America; Social Equality and Political Democracy*, New York. Harper & Row.

Moclosky H.: *Consensus and Ideology in American Politics*, A. P. S. R. Vol. LVIII (1964).

Schwartzenberg R. G.: *Sociologie Politique Edition Montchrestien*, Paris, 1974.

滄海叢刊書目

— 1 —

— 2 —